EL PAÍS INVISIBLE

La literatura de Jorge Majfud o "La mirada exterior desde el interior"

Leonor Taiano, Ph.D.

HUMANUS

SAN DIEGO-ACAPULCO

El país invisible. La literatura de Jorge Majfud o "La mirada exterior desde el interior"

© 1ra. edición, Universidade do Estado do Rio de Janeiro, Brasil 2018.

© 2da. Edición Humanus & Leonor Taiano, USA 2025

ISBN: 978-1-956760-86-6

Humanus.info

editor@humanus.com / cuauhtemoceditorial@gmail.com

Índice

INTRODUCCIÓN

"No he elegido escribir sobre esas historias; no he podido
no escribir sobre ellas"
Jorge Majfud[1]

Este estudio consiste en una investigación sobre la novela *Crisis* del autor uruguayo Jorge Majfud. Como lo indica el título, en este trabajo pretendo demostrar los elementos que, según el escritor, generan la "crisis" del migrante latinoamericano en Estados Unidos y de la sociedad estadounidense en general. Considero que la obra de Majfud sirve como marco estructural para explicar una larga serie de factores culturales, sociales y económicos que circundan la realidad de la mayor parte de los hispanoamericanos que migran hacia Estados Unidos, así como la de los ciudadanos estadounidenses de origen latinoamericano.

---

[1] Véase Eugenia Flores Soria, "Jorge Majfud recrea el drama de los inmigrantes" (5 de noviembre de 2012), *Zocalo*, Saltillo, México.

La división del trabajo nació a partir de las preguntas formuladas en una entrevista que el propio escritor concedió para mí y José Sarzi Amade en *Mito-Revista Cultural*[2]. Sin embargo, la riqueza temática del texto me indujo a ampliar y desarrollar más profundamente algunos aspectos a los que no aludí durante la conversación con el escritor uruguayo. Las razones para la extensión en mi perspectiva de análisis son varias, entre ellas las más importantes:

1) *Crisis* presenta personajes que no solo podrían encarnar arquetipos de la migración latinoamericana, sino que constituyen un verdadero análisis de la crisis de la sociedad estadounidense en general, 2) Por medio de los países de origen de los migrantes, Jorge Majfud recuerda la responsabilidad que Estados Unidos tiene en los conflictos latinoamericanos, 3) La obra no debe ser considerada como un texto antimperialista, pues también juzga abiertamente el papel de los gobiernos latinoamericanos como causantes de sus propias crisis, 4) Majfud expone que el migrante se ha convertido en uno de los antihéroes de la sociedad post-heroica[3] contemporánea, 5) El autor urugua-

---

[2] Véase José Sarzi Amade y Leonor Taiano Campoverde, "La escritura sin anestesias de un uruguayo universal: Entrevista a Jorge Majfud", *Mito | Revista Cultural*, nº.34.

[3] Generalmente el término post-heroísmo se aplica exclusivamente al cambio de paradigma que ha habido en la naturaleza misma de la guerra, pues en la actualidad esta no estaría inspirada por motivaciones heroicas y no genera héroes populares. En

yo profundiza sobre la crisis de identidad que los ciudadanos estadounidenses de origen latinoamericano experimentan debido a su estado de "hibridación" y el uso que la sociedad estadounidense hace de ellos.

A partir de estas razones, he dividido mi investigación en tres partes. En la primera, partiendo de la perspectiva de los personajes de "los Ernesto" y Susana, trato de establecer la responsabilidad que la relación entre los países latinoamericanos y Estados Unidos tiene en la migración. En la segunda analizo el proceso de *americanización* y *deshispanización* de los personajes de *Crisis* que han nacido en Estados Unidos, pero tienen orígenes latinoamericanos; las perspectivas profesionales de los jóvenes del *Dream Act* y la mecanización de los individuos que ha producido una crisis en la humanidad. En la tercera explico la manera cómo el migrante latinoamericano se ha convertido en el antihéroe de la sociedad estadounidense, este capítulo analiza la manera cómo el éxodo y el *nostos* de los personajes de *Crisis*

---

esta investigación, en cambio, se aplicarán los términos post-heroico/ post-heroísmo para hacer referencia a la pérdida de valores humanos que están sufriendo todos los individuos y que los está conduciendo a la mecanización. Para mayor información sobre el significado original del post-heroismo, véase Peter Feaver, "Provocations on Policymakers, Casualty Aversion and Post-Heroic Warfare", *Heroism and the Changing Character of War: Toward Post-Heroic Warfare?*, New York, Palgrave Macmillan, 2014, pp. 145-161.

transmita un funesto mensaje sobre la imposibilidad de
que los hispanos puedan encontrar una tierra prometida.

El objetivo general de esta investigación es la contex-
tualización de *Crisis* en el escenario hegemónico estadounidense. De este objetivo general se desprenden cuatro
objetivos específicos que son:

1. Establecer el papel del migrante en la sociedad es-
    tadounidense.
2. Discutir sobre los problemas relacionados con la
    identidad del migrante y de los estadounidenses de
    origen latinoamericanos.
3. Analizar la manera cómo Jorge Majfud relaciona
    la geopolítica estadounidense con la migración la-
    tinoamericana.
4. Definir los motivos que hacen del migrante un an-
    tihéroe.

En cuanto a la metodología adoptada para esta investigación, mi estudio parte de la idea que un texto no existe
en el vacío, sino en un determinado momento histórico-
social, por ello, he tratado de tomar en cuenta diferentes
perspectivas que estimo necesarias para realizar un análisis
significativo de *Crisis*. En consecuencia, me basaré en el enfoque múltiple de los estudios culturales, los cuales permiten trascender los confines de una disciplina en particular,
realizando un análisis que vaya más allá del exclusivamente literario y me permita escudriñar sobre los diferen-

tes fenómenos culturales, sociales y económicos que encierra el texto de Jorge Majfud.

Además, tomando como base la importancia de la relación activa entre autor-obra-lector que señalaré a continuación, he tratado de realizar este estudio de *Crisis* por medio de una profunda exploración de su contenido semántico y la lógica creativa de Jorge Majfud, espero haberlo logrado. Estoy consciente de que, como lectora, no dispongo de un poder de subjetividad absoluto, pues leer una novela significa ver y comprender la dinámica de pensamiento de su autor. Desde mi subjetividad os aseguro que he intentado interpretar la perspectiva majfudiana por medio de sus personajes y del contexto situacional de la obra.

escritura, desvelamiento y compromiso

En su libro *Qu'est-ce que la littérature?* Jean Paul Sartre insiste en el hecho de que la escritura se diferencia de las demás artes pues, al contrario del pintor o del músico, quienes deben contentarse con presentar las cosas al espectador y dejar que ellos decidan lo que ven o escuchan, el escritor, especialmente en la prosa, puede guiar a su lector. El prosador es un "hablante" y "hablar, es actuar". Según el francés, las letras permiten que el escritor revele su pensamiento y, a través de esta revelación, se pueden comenzar los cambios.[4]

> L'écrivain engagé sait que la parole est action : il sait que dévoiler c'est changer, et qu'on ne peut dévoiler qu'en projetant de changer. Il a abandonné le rêve impossible de faire une peinture impartiale de la société et de la condition humaine. [...] l'écrivain engagé [...] sait que les mots, comme dit Brice Parain, sont « des pistolets chargés»[5]

---

[4] Jean Paul Sartre, *Qu'est-ce que la littérature?*, Paris, Gallimard, 1964, pp. 27-30 y Michel Winock, « L'écrivain en tant qu'intellectuel », *Mil neuf cent. Revue d'histoire intellectuelle*, 2003, no 1, pp. 113-125.

[5] Sartre, *idem*.

Escribir prosa es revelar, este es el axioma sartriano. Esta revelación consiste en hacer que el lector no ignore lo que ocurre en el mundo, para que pueda convertirse en responsable de sus propios actos. En consecuencia, el francés considera que cada autor tiene un compromiso que debe ser manifestado en su obra. Este debe saber por qué escribe y para qué escribe, pero al mismo tiempo, el lector debe aplicarse para percibir correctamente la creación literaria. Es el esfuerzo en conjunto que hará surgir el espíritu de la obra, el autor revela y el lector, según Sartre, es quien crea y, quien por medio de un proceso de interiorización y de gozo estético, entiende que el mundo es su tarea[6].

Tomando en cuenta la propuesta de Sartre, es indiscutible que la relación entre el autor, la obra y el lector, como ya lo había referido Wilhelm Dilthey,[7] es totalmente dinámica, pues el texto adquiere un significado a partir de la *intentio lectoris*. Es decir, el lector no tiene un papel pasivo en el compromiso creado por el círculo hermenéutico. El encuentro entre el autor y sus destinatarios está marcado por la afanosa relación que se crea entre ellos, pues es la que permite otorgar un sentido a la literatura por medio de la interpretación de quienes lo leen. La importancia del

---

[6] Alfredo Gómez-Muller, *Sartre, de la nausée à l'engagement*, Paris, Éditions du Félin, 2005, pp.38-57.
[7] Ilse Nina Bulhof, *Wilhelm Dilthey: A Hermeneutic Approach to the Study of History and Culture*, The Hague, Boston, London, Springer Science & Business Media, 2012, pp. 28-49.

compromiso entre escritor y lector, la trascendencia que
tiene el hecho de que el lector asuma su obligación de tratar de entender el mensaje del autor la representa perfectamente Italo Calvino en *Se una notte d'inverno un viaggiatore*:

> Stai per cominciare a leggere il nuovo romanzo *Se una notte
> d'inverno un viaggiatore* di Italo Calvino. Rilassati.
> Raccogliti. Allontana da te ogni altro pensiero. Lascia che
> il mondo che ti circonda sfumi nell'indistinto. La porta è
> meglio chiuderla; di là c'è sempre la televisione accesa.
> Dillo subito, agli altri: *"No, non voglio vedere la televisione!"*
> *Alza la voce, se no non ti sentono: "Sto leggendo! Non voglio
> essere disturbato!"* Forse non ti hanno sentito, con tutto quel
> chiasso; dillo più forte, grida: "Sto cominciando a leggere
> il nuovo romanzo di Italo Calvino!" O se non vuoi dirlo;
> speriamo che ti lascino in pace.[8]

Del fragmento calviniano podría concluirse que es precisamente la relación entre el develamiento y la creación la
que crea un "compromiso" o responsabilidad que va más
allá de las letras y conduce a la acción. Es factiblemente por
eso que Sartre piensa que la escritura depende de la búsqueda de la libertad. El escritor debe ser un mediador, pues
ese es el papel social que ha elegido. Como paradigma de
este tipo de conciliación, el francés indica el caso de

---

[8] Italo Calvino, *Se una notte d'inverno un viaggiatore*, Milano,
Edizioni Mondadori, 2012, p.1.

Richard Wright, escritor afro-estadounidense que luchó por los derechos de su etnia[9]. A partir de este autor, Sartre, asumiendo su papel de *lecteur engagé*, reflexiona sobre las relaciones entre el escritor y su público y concluye que Wright deja ver su punto de vista sobre la sociedad a la que pertenece, pues su texto conduce a elegir entre dos opciones: a) asumir las cosas como son, c) cambiar la realidad[10].

En consecuencia, Sartre juzga que el escritor debe anclarse en la historia, ya que su papel activo dentro de esta le permite comunicar con sus contemporáneos. La literatura debe contener la totalidad de la condición humana y, en consecuencia, necesita tomar una connotación antropológica que le consienta formar parte de la sociedad, llegando incluso a ser guiado por el utópico deseo de mejorarla.[11]

Con esta premisa sartreana, es fácil entender que, según el francés, la literatura debería ser un instrumento que comprometa al autor y a los lectores entorno al mensaje transmitido por el texto. En ese sentido, el pensamiento de Sartre coincide con el de Marc Augé, quien juzga que la lectura no es nunca, aunque lo parezca, un monólogo,

---

[9] Arthur Coleman Danto, *Jean-Paul Sartre*, New York, Viking Press, 1975, p. 78.

[10] *Idem.*

[11] Mariano Árias, "Jean Paul Sartre vivo", *El Basilisco: Revista de filosofía, ciencias humanas, teoría de la ciencia y de la cultura*, 1980, no 11, p. 35-47.

pues está marcada por el encuentro intenso entre el mensaje del autor y la ética del lector[12].

Si el escritor es el origen de un texto, el lector es quien debe comprender y reflexionar sobre este, pues de su interpretación depende el uso de la obra en el futuro. Es por ello que la literatura del compromiso social es tan importante, ya que consiente que el lector se ponga en contacto con motivos y problemas de la vida real, a los cuales debe proporcionar una respuesta creativa, dando lugar a lo que Daniel Pennac consideró una de las virtudes paradójicas de la lectura, es decir aquella de abstraerse del mundo para encontrarle un sentido.

> Les histoires que nous lui lisions fourmillaient de frères, de sœurs, de parents, de doubles idéaux, escadrilles d'anges gardiens, cohortes d'amis tutélaires en charge de ses chagrins, mais qui, luttant contre leurs propres ogres, trouvaient eux aussi refuge dans les battements inquiets de son cœur. Il était devenu leur ange réciproque : un lecteur. Sans lui, leur monde n'existait pas. Sans eux, il restait pris dans l'épaisseur du sien. Ainsi découvrit-il la vertu paradoxale de la lecture qui est de nous abstraire du monde pour lui trouver un sens.[13]

---

[12] Marc Augé, *La vie en double: ethnologie, voyage, écriture*, Paris, Payot, 2011, p. 62.

[13] Daniel Pennac, *Comme un roman*, Paris, Gallimard, 1992, p. 6.

Para Ezio Raimondi in *Un'etica del lettore*, el lector está obligado a "atender" al autor para asimilar la riqueza de una complejidad de significados que se revelan solamente a través de una observación inteligente, rica y profunda. Por consiguiente, este debe seguir un recorrido similar al del autor: saber escoger las palabras, los detalles y los episodios que le interesan por razones precisas para disponerlos en una determinada secuencia temporal que satisfaga sus inquietudes. A partir de este proceso nace la obligación, ya identificada por Sartre, de crear las relaciones que existen en el complejo de la obra, y es precisamente ese el criterio que utilizaré para analizar *Crisis* de Jorge Majfud.[14]

Este compromiso entre el autor y el lector reenvía a un diálogo en el silencio, a una constante revisión del mensaje del texto que está guiada por la búsqueda y el trabajo creador del lector. De esta manera, la experiencia de la lectura es problemática, porque exige un alto grado de profundidad que, según María Zambrano, solamente tiene lugar si se realiza una verdadera experiencia literaria, transformando la lectura en fuente de conocimiento, por tanto que la literatura es una tarea persuasiva que incita a profundizar sobre el individuo propiamente dicho y a indagar sobre las relaciones con los otros[15].

---

[14] Ezio Raimondi, *Un'etica del lettore*, Bologna, Il Mulino, 2007, pp. 5-11.
[15] María Luisa Maillard, *María Zambrano: la literatura como conocimiento y participación*, Lleida Universitat de Lleida, 1997.

En su tesis doctoral *La literatura del compromiso: Humanismo y revolución en la literatura latinoamericana*, Jorge Majfud también analiza la importancia de la relación entre el autor, como individuo propiamente dicho, y la sociedad. Para Majfud la escritura debe tomar en cuenta el espacio psíquico-temporal y la relación entre el tiempo histórico-tiempo mítico. Según el estudioso, la problemática específica de la literatura del compromiso remite a una necesaria reflexión sobre una filosofía de la literatura (ética y estética), una filosofía del texto (el referente), el carácter de ese compromiso (la política), el objetivo del compromiso (la sociedad) y el contexto general que lo produce (la historia).[16]

Retomando el pensamiento de Antonio Gramsci,[17] el uruguayo parte de la idea de que existen dos clases de

---

[16] Jorge Majfud-Albernaz, *La literatura del compromiso: humanismo y revolución en la literatura latinoamericana*, Athens, University of Georgia, 2008, p. 10.

[17] Majfud coincide con Gramsci en la afirmación respecto al nexo que debe unir al escritor con el pueblo, pues este debe convertirse en el portavoz de las exigencias materiales y espirituales de la sociedad (intellettuale organico). En modo general, Gramsci expresa que la literatura debería ser nacional-popular, es decir que debe operar una síntesis entre el componente cultural (la nación) y las exigencias de conocimiento que provienen de los extractos subalternos (el pueblo). Para profundizar sobre el pensamiento de Antonio Gramsci, véase el estudio de Pietro Maltese, "L'egemonia costituente dei *Quaderni del carcere di*

intelectuales. El primer grupo está constituido por los intelectuales funcionales, cuya tarea es legitimar el poder de todo tipo, el orden heredado. El segundo, del que con toda seguridad el propio Jorge Majfud forma parte[18], está integrado por aquellos intelectuales que ejercitan su profesión crítica destructiva y creadora sin tomar en cuenta las consecuencias. Majfud considera que este último grupo es el mejor y moralmente legitimado, pero también el más amenazado por los hechos cotidianos que a veces le niegan el sustento y, con alguna frecuencia menor, lo llevan a la anulación pública primero y a la desaparición física después[19].

Además, el autor uruguayo asume que, para los escritores del segundo grupo, el compromiso se transforma en ineludible, pues permite construir y definir a la sociedad por una historia que lo procede y lo trasciende, su literatura representa una liberación moral de autores que entienden que el individuo es el resultado de una historia y de una sociedad y que, por lo tanto, están comprometidos y deben actuar dentro de ellas. Se trata de literatos que, aunque sea de manera utópica, miran a la liberación de la humanidad sin exclusiones.[20]

Gramsci", *Studi sulla Formazione*, 2013, vol. 16, no 1, pp. 181-195.

[18] Véase los anexos 1 y 2.

[19] Majfud, *óp. cit.*, 2008, pp. 26, 29, 31, 82, 103.

[20] *Ibídem*, p. 103.

Liberar a la humanidad por medio de la literatura, esa es la cuestión del escritor del compromiso según Jorge Majfud. En consecuencia, su obra propiamente dicha busca subsanar una sociedad enferma por medio de las vivencias de sus diferentes personajes. A través de la migración, del riesgo, del trabajo forzado, de la mutilación, de la locura, de la prostitución, entre otros motivos presentes en sus textos, Majfud señala los defectos de la sociedad y entra en materia sobre los errores e insuficiencias que la caracterizan. A ciencia cierta el autor uruguayo trata de hallar, o que sus lectores encuentren, la respuesta a los problemas de la colectividad a través de sus textos. Este objetivo majfudiano ya fue detectado por Eduardo Galeano en *El cazador de historias*:

> La familia Majfud había sido acorralada por la dictadura, había sufrido la cárcel, torturas, humillaciones y había sido despojada de todo lo que tenía.
> Una mañana los niños jugaban en una vieja carreta cuando sonó un balazo. Ellos estaban lejos, pero el tiros atravesó los campos de Tacuarembó y entonces supieron, quién sabe cómo, quién sabe por qué, que el estampido venía de la cama de la tía Marta, la más querida.
> Desde esa mañana Nolo, el más chico de la familia, pregunta y se pregunta:
> ¿Por qué nacemos, si tenemos que morir?
> Jorge, el hermano mayor, trata de ayudarlo.
> Busca una respuesta.

Los años van pasando, como pasan los árboles ante la ventana del tren; y Jorge sigue buscando la respuesta.[21]

Es factiblemente esta búsqueda constante que hace que Jorge Majfud, por medio de su obra, transmita la sensación de tener como objetivo primordial no solo el abordar el contexto situacional en el que se mueven sus personajes, sino que busca suscitar una propuesta social por parte de sus lectores. Para Majfud, el compromiso literario estará siempre marcado por la relación entre el arte y la vida, por ello, su escritura es una práctica comunicativa que pone en contacto al lector con la realidad. Se trata de un escritor que escribe para batallar contra un mundo que no le conforma y que busca refugio en su compromiso con el lector.

Todo lo que escribo surge a partir de aquí y ahora, de mi inconformidad con el mundo, de una sospechosa necesidad de olvidarme de mí mismo al tiempo que, no sin reprochable contradicción [...] al tiempo que espero justificar mi vida a través de algunos lectores que han encontrado algo útil en lo que hago. Uno siempre puede hacer otra cosa, pero quien se siente escritor de verdad, sea bueno o sea malo, no puede dejar esto, esa obsesión de luchar contra la muerte sin saberlo.[22]

---

[21] Eduardo Galeano, *El cazador de historias*, México, Siglo XXI editores, 2016, p. 202.
[22] Jorge Majfud, "¿Por qué escribimos?", *Letralia*, no 207.

Para Jorge Majfud la literatura es el medio que le permite decir sus verdades, pero al mismo tiempo exige de sus lectores un esfuerzo de interpretación, pues sus obras no son simplemente un conjunto de palabras mezcladas para producir un goce estético, son una trama simbólica de la realidad que transmiten y ocultan valores y significados[23]. Es precisamente por ese empeño hermenéutico requerido por el propio autor que se está realizando este trabajo sobre *Crisis*.

_____

[23] Jorge Majfud, "La rebelión de los lectores, la clave de nuestro siglo", *Revista iberoamericana de educación*, no 42/1, 2007.

EL COMPROMISO MAJFUDIANO EN *CRISIS*

En *Crisis*, Jorge Majfud hace concurrir su compromiso basando significativamente su argumentación sobre factores decisivos en la geopolítica latinoamericana y estadounidense, pasando por los pormenores del éxodo latinoamericano, el nacimiento de "latinos" estadounidenses y la no integración. Todos estos motivos dejan ver que el compromiso del autor es más que forma, pues el valor absoluto de *Crisis* radica principalmente en su deber colectivo, que lo relaciona directamente con la dimensión social de los migrantes latinoamericanos en Estados Unidos.

La reflexión que Majfud hace de la crisis llega a ser provocadora, pues el autor juzga abiertamente al permisivismo contemporáneo, a las políticas internacionales y al papel de la economía global como los principales generadores del degrado humano. Adicionalmente, *Crisis* incluye teorías que explican la relación entre estos factores y la migración por medio de una interpretación objetivista de la realidad subjetiva de sus personajes, al mismo tiempo que introduce reflexiones de carácter sociológico y filosófico que probablemente presentan ecos de la "literatura de protesta social" o "literatura proletaria".

De ahí que la novela se presente, en ciertos momentos, como una reacción frente a los riesgos de la globalización y del espíritu neoliberal, pues a partir de breves alusiones sobre las luchas ideológicas que han marcado el siglo XX y que preanunciaban la crisis del siglo XXI, Majfud adopta una estrategia escritural ideológicamente explícita, que podría incluir al autor en la tipología de la literatura del compromiso sobre la migración latinoamericana del siglo XXI, que en el caso de *Crisis* pone de manifiesto la difícil relación entre la idiosincrasia del "huésped" latinoamericano, muchas veces ilegal, y la dominante cultura anfitriona estadounidense.

Por consiguiente, los migrantes que desfilan en la novela no muestran una verdadera fascinación hacia la cultura angloamericana, la cual tiende a estereotiparlos como seres ignaros que necesitan una redención cultural.[24] A través de ellos, Majfud envía un mensaje sociopolítico que induce a interpretar la migración latinoamericana como efecto del contexto político social de los países de origen, que generalmente han caído en el caos debido a intervenciones estadounidenses.

Efectivamente, la crisis pone a disposición de Majfud una flexibilidad temática que cubre el contexto estadounidense propiamente dicho, la realidad de los diferentes países latinoamericanos y la situación geopolítica mundial. La migración se convierte en el vehículo más adecuado para la expresión de la crisis, de las carencias, de la explotación y de los abusos hegemónicos.

En consecuencia, *Crisis* hace ostensible las trabas de un colonialismo informal en el que los procesos dictatoriales, el caos nacional y la fragilización de las economías perifé-

---

[24] Véase 3.1 y 3.2.

ricas que benefician el gran leviatán neoliberal, exteriorizan las reglas de un neocolonialismo que ha generado feroces batallas militares, sociales y culturales dentro de América Latina, pues es en este escenario que surge la crisis que persigue a todos los personajes de la novela.

Al mismo tiempo, *Crisis* recuerda que el migrante latinoamericano, asociado a la pobreza y al machismo por los miembros de su entorno angloamericano, se dedica a trabajos que confirman su sumisión, por ejemplo, cultiva la tierra no para domarla y poseerla, sino para ratificar su condición de subalterno. Ciertamente, Jorge Majfud comunica un mensaje antropológico-social mediante el uso de rasgos literarios característicos de la literatura del compromiso latinoamericano, como lo es la toma de posición frente a temas sociopolíticos e identitarios desencadenantes de la crisis que van desde el anhelo de defender las identidades nacionales latinoamericanas hasta la defensa del individuo frente a las máscaras que le asignan un papel social.

una novela mosaico

Crisis es una novela mosaico en la que Jorge Majfud agrupa una serie de historias sobre latinoamericanos que migran a Estados Unidos y estadounidenses de origen latinoamericano. Como afirma Alberto García-Teresa, la obra está formada por la yuxtaposición de fragmentos de historias, encabezadas por la fecha, el lugar (diferentes localidades de EE.UU cercanas a su frontera sur) y el valor del índice Dow Jones[25]. Así, se hace explícita la relevancia del capitalismo a la hora de condicionar la vida. A su vez, la multiplicidad de ciudades en la que figuran unos (aparentemente) mismos personajes da pie a entender la vida errante de los sin papeles. De esta forma, se obtiene una novela con un protagonista colectivo en la que no se pierde la individualidad.[26]

---

[25] En cuanto la función del índice Dow Jones en *Crisis*, David Pérez Vega recuerda que este marca la evolución de la crisis financiera que, como al resto del mundo, afecto a Estados Unidos entre los años 2008 y 2009. Así, en la primera anotación del libro, en la página 11, nos encontramos con un Dow Jones que marca los 13.058, y que en la página 65 ha descendido hasta los 6.598. Entre esos números se desarrolla los dramas propuestos en la novela. Véase David Pérez Vega, "Crisis, por Jorge Majfud", *Desde la ciudad sin cines*, 2014.

[26]Consúltese la reseña de Alberto García-Teresa sobre *Crisis* en *Revista Viento Sur*, no 126, 2013, p. 127.

La obra incluye elementos de crítica social y algunas reflexiones filosóficas. Como ya se ha referido, el autor explora de manera sistemática los fenómenos económicos, sociales, antropológicos y filosóficos que han provocado la crisis global. En base a su contenido *Crisis* puede dividirse en tres grandes áreas temáticas: historias de migrantes latinoamericanos, historias de ciudadanos estadounidenses de origen latino y reflexiones filosófico-sociales.

La primera área incluye casos de inmigrantes que permiten explorar las diferentes situaciones a las que se exponen los latinoamericanos en la "tierra del tío Sam". La segunda se relaciona con la función social que los ciudadanos estadounidenses de origen latinoamericano desempeñan en su tierra de nacimiento. La mayor parte de estos son personajes que obedecen a la autoridad constituida, embriagados por un espíritu "americanista". La tercera, en cambio, de contenido sociológico-filosófico, contiene una serie de críticas y observaciones hacia la sociedad de masa y los peligros de la esclavitud universal que se realiza por medio de las relaciones de supremacía y subordinación entre países.

Agregando a lo anterior, Majfud examina aquellas reglas, leyes, valores, tecnologías y enfoques educativos que han impuesto nuevos modelos sociales para controlar la vida de los ciudadanos del mundo, incluyendo a las víctimas de la diáspora latinoamericana. En consecuencia, a medida que relata las historias de sus personajes, la novela refiere hechos que, si bien podrían ser de conocimiento del lector, a veces son olvidados por la sociedad. Dando prueba de un gran poder de observación, el uruguayo ha recreado la verdad del continente americano y del sistema global en general. Muchos de sus personajes podrían convertirse en arquetipos de la crisis, tales son los Ernesto, las Guadalupe, Lucy, Nacho, George, quienes representan el idealismo, la ingenuidad, el consumismo y los conflictos de identidad.

Por consiguiente, aunque el título de la obra podría darnos a pensar que se trata exclusivamente de una alusión a la crisis del 2008, la novela encarna un verdadero análisis de los antecedentes de esta. La superposición del escenario anglo y latinoamericano permite que el lector reflexione sobre las verdaderas razones que han producido el desplazamiento humano. El autor demuestra que el migrante es digno de inspiración literaria, haciendo de este una fuente de exploración sistemática de los grupos sociales latinoamericanos que viven en Estados Unidos.

Es por ello que en *Crisis* Majfud abraza la totalidad de la realidad latinoamericana en el imperio estadounidense, incluyendo los hechos más tristes, más bajos. Todas las clases sociales latinoamericanas aparecen en la novela de manera intencional, pues permiten que el lector recapacite, sea desde un punto de vista filosófico sea desde una perspectiva social, sobre la compleja relación entre migración y globalización.

Por consiguiente, gracias a las características estructurales de esta novela mosaico, Majfud también efectúa observaciones morales que contribuyen al conocimiento y a la comprensión de la época contemporánea. *Crisis* es una obra revolucionaria, un constato sombrío del retablo de una decadencia cuyo origen es el maniqueísmo pragmático de la globalización que reduce a la categoría de negativo o inferior todo lo que no "cuadra" con la mecánica social de la nueva sociedad civil planetaria.

El autor uruguayo está consciente de que la "crisis" es un elemento importante de su novela, por ello la detalla, la disecciona, expresando un extraordinario sentido de reflexión. La novela denuncia el *modus operandi* de una sociedad basada en la explotación, la especulación, la tortura, el miedo y la segregación, convirtiéndose en un testimonio sociohistórico sobre la gran prisión global en la que se encuentran encerrados todos los personajes. Una cárcel que separa madres de hijos, que divide a los seres humanos entre aquellos descartables y aquellos imprescindibles, que etiqueta a una sociedad de superior a otra, camuflando las perversiones del sistema hegemónico.

ASOCIADOS POR UNA LENGUA EN EL CAOS HEGEMÓNICO

Ciertamente, *Crisis* es la obra de un autor observador. Desde el profesional universitario hasta el más humilde campesino, los personajes de la obra son sacados de situaciones cotidianas. Representan la lucha por la integración y por la sobrevivencia en una tierra extranjera. No hay espacio para el plano fantástico en *Crisis*, la novela es una verdadera recreación de la realidad, un tipo de realismo analítico y visionario. Jorge Majfud hace visible aquello que muchos lectores "no comprometidos" tratan de ignorar: el caos de la hegemonía. *Crisis* es una novela de revelaciones que recrea el universo contemporáneo por medio de la concatenación entre la historia personal de sus personajes y el contexto geopolítico estadounidense-hispanoamericano.

A pesar de que existen alusiones a las diferencias entre nacionalidades latinoamericanas, que se puede notar por el retrato de los personajes que refleja la existencia de diversas etnias dentro la grande masa "latina", *Crisis* también defiende una identidad colectiva hispanoamericana, cuyos cimientos radican en la lengua común, evitando que sea sustituida por la cultura anglosajona dominante y anfitriona. Así el español se convierte en un verdadero factor identitario.

La lengua es un factor más importante de lo que parece, algo que sólo se aprecia en su totalidad cuando se atraviesa esa experiencia. [...] Hay varios elementos culturales que compartimos, pero el mayor, por lejos, es el idioma castellano, es eso que convierte a cualquier extraño en casi un familiar, en un viejo amigo. El idioma es memoria viva. En ninguna otra parte del mundo uno puede sentir, como en Estados Unidos, que el español es la patria, en el mejor sentido de la palabra, totalmente despojado de militarismos y manipulaciones políticas.[27]

De esta manera, Majfud inscribe en su escritura una posición explícita frente a la crisis, articulando la novela dentro de las características de la literatura del compromiso hispanoamericano. La perspectiva interpretativa de Majfud en lo que concierne al polémico argumento de la migración apunta hacia la grave brecha creada por la relación centro-periferia, es decir angloamericano *versus* latinoamericano. Los personajes que desfilan en *Crisis*, provienen de diferentes países hispanoamericanos, pero el único factor que los acomuna es la lengua y la "homologación" que la sociedad anfitriona hace de ellos, como se verá en los capítulos sucesivos.

---

[27] Palabras de Jorge Majfud en José Sarzi Amade y Leonor Taiano Campoverde, *óp. cit.*

II. Migraciones e intervenciones: escenarios del paradójico capitalismo

> *"Now, where are [illegal immigrants] fleeing from?*
> *Mostly from Central America, where they're fleeing from the*
> *results of our policies."*
> Noam Chomsky[28]

Después de haber considerado el contenido de la novela en modo general, en este capítulo me detendré a estudiar la función que la tierra anfitriona, la patria, las políticas internacionales y la sociedad propiamente dicha tienen en relación a la migración latinoamericana. Dentro de los aspectos que analizaré estarán la relación periferia-centro, la paradoja estadounidense, el complejo imperial, la crisis de la democracia, la máscara social, las intervenciones estadounidenses en América Latina, las dictaduras

---

[28] Véase la entrevista que Alexandra Rosenmann hizo a Noam Chomsky en *Alternet*.

latinoamericanas y el fenómeno de la transmigración. Estos aspectos serán relacionados con el contenido de *Crisis*.

EL SOFISMA DE LA TIERRA ANFITRIONA

Es innegable que *Crisis* es un excelente instrumento literario para ir más allá de los parámetros que habitualmente analizan el fenómeno de la migración latinoamericana en Estados Unidos.[29] Además de aludir a la realidad económica, Jorge Majfud nos invita a identificar los problemas que verdaderamente la generan, no solo en el microcosmos de la "minoría" latinoamericana, sino en la post-heroica sociedad estadounidense. En consecuencia, *Crisis* no es una escueta descripción de historias de expatriados, sino que constituye una reflexión sobre el sistema global del cual los migrantes forman parte, aunque muchos de ellos sean legalmente inexistentes.

La tierra anfitriona de los personajes de *Crisis* desempeña un papel primordial en el mensaje mismo de la obra. Majfud reflexiona sobre "el mundo real de la ficción"[30] estadounidense, introduciendo en esta las experiencias de mujeres y hombres que se sienten ajenos a los códigos de

---

[29] En realidad Majfud presta mayor atención al contexto hispanoamericano, pues no hay específicas alusiones a migrantes brasileños, haitianos, etc.

[30] Jorge Majfud, *Crisis*, Baile del Sol, 2012, p. 82. Todas las citaciones han sido tomadas de esta edición. Por consiguiente, en las próximas citaciones me limitaré a mencionar el título de la obra y el número de página.

un lugar en el que conviven la riqueza y la miseria, el respeto a la vida y la pena de muerte, la búsqueda de la paz y el negocio de la guerra, el cosmopolitismo y el localismo, la religión y el materialismo.

> Si hay en el mundo un país que es asociado casi por unanimidad con el materialismo ese es Estados Unidos. No obstante, dice Susana, si comparamos este país con cualquier otro en América Latina, en Asia o en Europa en ninguno encontraremos tantas iglesias y en casi ninguno tantos asistentes a los templos de Dios los domingos. Particularmente en el sur, la gente no pregunta si crees en Dios o si tienes iglesia, sino a qué iglesia vas cada semana. No poseer un auto o no tener una religión con su respectiva iglesia hace derivar las miradas de los curiosos. Nadie es tan pobre en Estados Unidos como para no tener un auto y una religión.[31]

De hecho, *Crisis* nos invita a leer la migración desde una perspectiva marcada por el sofisma de la globalización. Sus personajes son el símbolo del encuentro periferia-centro y sirven para ir más allá de la estereotipada búsqueda del *American dream*, por tanto que permiten analizar el papel del migrante latinoamericano en un sistema marcado por políticas hegemónicas paradójicas.

---

[31] Jorge Majfud, *Crisis*, 2012, p. 51.

ERNESTOS Y SUSANAS: LOS DESADAPTADOS

La paradoja americana, trascendental para entender el contenido de *Crisis*, es examinada constantemente por personajes que representan al intelectual perplejo ante la naturaleza bipolar de la globalización: los Ernesto[32] y Susana Ocampo, autora de *La máscara*, quienes por medio de sus críticas al proyecto imperial estadounidense cuestionan los fundamentos de su pragmatismo inconsistente y dual:

> El país que tiene las mejores Universidades y el que ostenta más premios Nobel es un país medianamente ignorante que no sabe el número de su propia población y menos algún dato serio sobre otro país. Ni siquiera cuando están en guerra con ese otro país...[33]

---

[32] Sobre los diversos personajes que se llaman Ernesto, en la entrevista que José Sarzi y yo tuvimos con Jorge Majfud, este afirmó que: "Ernesto es uno de esos nombres que identifican varios personajes diferentes con algo en común. Cada vez que escribía una historia en la que aparecía un Ernesto tenían reacciones, formas de pensar muy similares, un poco rioplatenses, irónicas, quizás más sofisticadas que el resto, sea un profesor o un obrero como el Abayubá de *La reina de América*; un poco Ernesto Sábato y Ernesto Che Guevara". Véase José Sarzi Amade y Leonor Taiano Campoverde, *óp. cit.*

[33] *Crisis*, p. 50.

Los diversos Ernesto representan al intelectual insatisfecho, dolido por la incomprensión de su patria y de la tierra que le hospeda. En consecuencia, estos adoptan una postura analítica y buscan alternativas de carácter filosófico, político y social. Son personajes cuya perspectiva hacia el régimen dominante resulta cada vez más crítica y es percibida con dureza o ironía, tanto por los estadounidenses como por los inmigrantes hispanoamericanos, pues su compromiso ideológico, su intento de reformar la realidad será siempre inútil en relación a la fatalidad del ambiente.

> Ernesto decía que un progreso que se base en este consumo desorbitado no le convencía en su lógica interna. Esa vez Menéndez replicó que si no fuera por todo lo que se tira y desperdicia en Estados Unidos no habría tantas industrias en África y en América Latina, ni países socialistas como Venezuela venderían tanto petróleo a precios tan altos, ni empleadores como él le darían trabajo a intelectuales como Ernesto para que tuvieran tiempo libre para hablar mal del sistema y bien de su esposa.[34]

"Los Ernesto" plantean conceptos pensados para ser propuestos en la construcción de un nuevo orden que vaya más allá del contradictorio desarrollo occidental. Sus consideraciones son importantes dentro de la obra, pues exteriorizan el fracaso del paradigma desarrollista propiamen-

---

[34] *Ibídem*, p. 62.

te dicho. Sin embargo, ellos no son verdaderas alternativas al sistema-mundo capitalista[35], simplemente simbolizan una quimera, una tarea compleja e imposible de cumplir, pues encarnan al idealista que insatisfactoriamente pretende romper el círculo vicioso establecido por la relación desarrollo-subdesarrollo.

En el caso específico de Susana Ocampo, su función en la obra es significativa, pues a través de ella se introduce el concepto del "complejo imperial" de un país que se auto percibe bajo el ideal de la nación manumisora para camuflar sus intenciones expansionistas[36]. Es evidente que el discurso de Ocampo alude a aquellas tesis que consideran que Estados Unidos se sirve de la representación política y retórica de la única nación redentora capaz de llevar el orden, el progreso, la justicia y la libertad a los pueblos atrasados política y culturalmente, entre ellos los países

---

[35] Considero factible que "los Ernesto" presenten ecos de la concepción del sistema-mundo capitalista de Immanuel Wallerstein. Para mayor información véase el texto de Carlos Antonio Aguirre Rojas *Immanuel Wallerstein: Crítica del sistema-mundo capitalista*. Ediciones Era, 2003.

[36] Es probable que en la creación de la ideología del personaje de Ocampo Majfud haya utilizado las tesis de Seymur Lipset y Anders Stephenson, quienes analizan el providencialismo y el "nacionalismo universal" estadounidense. Para profundizar sobre el tema, véase el estudio de Hilde Eliassen Restad. *American Exceptionalism: An idea that made a nation and remade the world*. Routledge, 2014, pp. 12-66.

hispanoamericanos de los que provienen los personajes de
Crisis.[37]

> Liberar significa oprimir. Defenderse significa invadir
> algún país. ¿Vio que siempre estamos invadiendo algún
> país? Bueno, es para liberarlo, aunque para ello necesi-
> temos hacerlo a fuerza de fuego e imponiendo gobier-
> nos a la medida de nuestros intereses.[38]

Es que sin duda *Crisis* ve en el país defensor de la "libertad" un elemento clave para dar pie a una serie de reflexiones sobre la "crisis" de la democracia, sobre todo de
aquella impuesta por el capitalismo[39]. Los Ernesto y Susana están conscientes de que es necesario ir más allá del

---

[37] El punto de vista de Ocampo lo comparte el personaje de Ernesto, el profesor, como se puede notar en este fragmento: "si
algo no soportaba Ernesto de su vida en Estados Unidos era tro-
pezarse con algún chauvinista que a cada palabra y a cada silencio le demostraba su convicción de que los americanos eran "los
chicos. buenos", el nuevo pueblo elegido al que había que agra-
decer cada invasión y cada intromisión, política o militar, en algún país bárbaro, periférico, con la sana intención de salvarlos y
darles clase de democracia" (Majfud, *Crisis*, p. 135).
[38] *Crisis*, p. 102.
[39] Considero que en cierto modo, los Ernesto y Susana de *Crisis*
critican varios de los puntos del pensamiento liberal, incluyendo
las tesis que Milton Friedman presenta en su obra *Capitalism and
freedom*.

paradigma hegemónico decadente para establecer un nuevo orden sin dominio y opresión, sin imposiciones ni sumisiones. Estos personajes no deben ser considerados enemigos del sistema, pero sí deben ser leídos como críticos o indignados que ponen en tela de juicio la lógica de la explotación en nombre de la liberación.

> La dictadura del capital, en cambio, no se llama "dictadura del capital". Adopta mejores nombres como "democracia", "libertad del mercado" y hasta "libertad" a secas, sugiriendo que se trata de la libertad del individuo y de la humanidad. Por eso digo que el capitalismo no ha sido el peor de los sistemas que ha parido la historia. Sí el más hipócrita, pero no el peor.[40]

Nacional o extranjero, todos los habitantes de Estados Unidos están sujetos a la dictadura reductiva del capitalismo que también ciñe al microcosmos de *Crisis*. No existen individuos en la supremacía estadounidense, sino máscaras, como lo indica el título del libro de Susana. Es así que los personajes de *Crisis* también forman parte de esta grey disciplinada y sumisa que desempeña su papel económico-social, un tipo de maquinaria uniforme y mecánica que camina y se mueve en torno al capital. Los insatisfechos Ernesto y la analítica Susana, marcados por lo que se podría definir como la "patología de la individuali-

---

[40] *Crisis*, p. 23.

dad", manifiestan su rechazo a un sistema que considera la particularidad algo anómalo, pero en realidad ellos también usan una máscara: la del pensador desconforme y desadaptado.[41]

> Y también los olores y los cuadros y los pisos de cerámica y el paisaje por la ventana y la chica que aparecerá y te sonreirá. Será siempre esa misma sonrisa que irá incluida en el mismo menú y al mismo precio y no te importará porque sabrás que estás pagando para que te sonría, amable, linda, casi como si te simpatizara. Como si te conociera. Porque en el fondo ya te conoce. Te ha sonreído antes en otros rostros como el tuyo que para ella es el mismo rostro. Y en el fondo sabrás que no es sincera pero ella no lo sabe y a ti tampoco te importará. Porque para caras largas estarán las oficinistas del gobierno, que cobran pero fuera del círculo feliz del sistema.[42]

Como puede verse en este fragmento, *Crisis* toma en cuenta el concepto de papel social concebido como modelo comportamental fuertemente relacionado con normas y expectativas basadas en el estatus. La carencia de individualidad de todos los integrantes de una sociedad

---

[41] Véase Mariano Hurtado Bautista. Sociología de la máscara. *Monteagudo: Revista de literatura española, hispanoamericana y teoría de la literatura*, 1954, no 5, pp. 4-20.

[42] *Crisis*, p. 13.

que se encuentra en crisis encierra un hecho filosófico-social de gran significación que se resume en una simple frase: El ser humano no puede modificar la realidad. Por consiguiente, los migrantes de *Crisis*, incluso aquellos que desearían transformarla, no tienen potestad para hacerlo. Sus ideas y sus premisas morales son incompatibles con los intereses globales, por ello, como se percibe claramente en el personaje de Susana, pueden recibir una anatema social que sella la discordancia entre ellos, como individuos, y la masa incondicional.

> Profesora, debería usted leer libros que opinan diferente a todos esos críticos que muerden la mano de quien les da de comer. Tantos libros le han lavado el cerebro. […]
> ¿Si no le gusta, por qué no se va a vivir a otro país? ¿Por qué no se va a vivir a Cuba o a Afganistán?
> ¿A otro país? ¿Para qué? ¿Para seguir viviendo según las imposiciones que impone el país donde vivo ahora? ¿No les basta con estar en casi todos lados que además pretenden estar en todos lados a secas? [43]

Este pasaje, en el que Susana discute con Lilly y con todas las personas presentes en el estudio de televisión, podría interpretarse como un ejemplo de la lucha individual contra el gregarismo. Es decir, como la defensa del

---

[43] *Ibídem*, pp. 101-102.

intelecto contra el adoctrinamiento de la mayoría. Susana se arriesga a presentar una opinión discorde a la "doctrina" predominante aun sabiendo que los demás urdirán contra ella. Probablemente porque en el fondo, y en conformidad con la paradoja hegemónica, la profesora Susana sabe que tarde o temprano deberá fundirse con la grey amaestrada que impide el cambio social. Esto cuenta para todos los migrantes de *Crisis*, quienes deben asumir su papel de subordinados, nacidos para huir *in toto* a su individualismo, sometiéndose al gusto cultural dominante. El migrante de *Crisis* no es un héroe, es un antihéroe, es simplemente alguien que no puede revelarse al lienzo social que excluye las variantes, es el personaje secundario de un guion predeterminado que le asigna un papel de marginalidad en la era global del post-heroísmo.

Latinoamericanos: intervenidos y desintegrados

Resulta interesante el hecho de que los países a los que envían a Susana (Cuba y Afganistán) para que valore los privilegios que tiene por vivir en "la tierra del tío Sam" sean precisamente dos lugares cuya economía y vida cotidiana se ha visto afectada por políticas internacionales estadounidenses. De la misma forma, es revelador que la mayor parte, por no decir la totalidad, de los personajes de *Crisis* provienen de países hispanoamericanos que han sido intervenidos por la potencia septentrional, pues se puede entender que, sin mencionar el concepto del "destino manifiesto estadounidense", o la noción de "imperio de la libertad" y sin aludir a los términos *Big stick*, lucha anticomunismo, control del narcotráfico, batalla contra el terrorismo o contra el populismo de izquierda[44], Majfud presenta la migración de sus personajes como una consecuencia de las políticas expansionistas estadounidenses que a lo largo del tiempo han mutado su nombre, pero no su intención, pues siempre han servido para justificar intervenciones militares que han generado masacres, desa-

---

[44] William Blum ha realizado un estudio bastante completo sobre las intervenciones estadounidenses. Blum presta mucha atención a los casos latinoamericanos. Para mayor información consúltese su libro *Killing hope: US military and CIA interventions since World War II*, London, Zed Books, 2003.

pariciones forzadas, nacimiento de grupos paramilitares, desestabilización, pobreza y desplazamiento humano.

> HUNTER: … muchos años después en El Salvador, un presidente republicano, Ronald Reagan, brindó una barda para protegerlos mientras tenían elecciones libres, que trajeron la libertad a ese país. Fueron dos partidos distintos, pero estoy hablando del partido de la libertad, el Partido Republicano…[45]

Señalando abiertamente la injerencia de Estados Unidos en América Latina, Majfud pone el dedo en una de las llagas de la paradoja democrática estadounidense[46], incluyendo su apoyo a aquellas dictaduras latinoamericanas de extrema derecha que impusieron el terrorismo de estado. *Crisis* describe los terribles métodos utilizados por los totalitarismos para supuestamente combatir la amenaza izquierdista. A través de la historia de Caíto, quien fue encarcelado porque supuestamente había colaborado con unos tupamaros prófugos, Ernesto[47], el uruguayo, recuer-

---

[45] *Crisis*, p. 25.

[46] Entre los estudiosos que han definido las contradicciones de la democracia estadounidense sobresale Ted Halstead con su estudio "The American Paradox", *Atlantic Monthly*, 2003, vol. 291, no 1, pp. 123-125.

[47] Otro Ernesto, el nicaragüense, hace alusiones a la dictadura situación política nicaragüense, incluyendo la muerte de Sandino y el periodo Somoza: "Todo eso que recordaba era de los

da el trato que recibían los "sospechosos" en los gobiernos apoyados por el *Plan Cóndor*.[48]

> El tío Caíto tenía treinta y pocos años cuando lo agarraron en 1972. Dicen que había colaborado con unos tupamaros que andaban prófugos en el campo donde trabajaba.
>
> Un día los militares castigaron a un preso y simularon que lo habían castrado. Luego pasaron por donde estaba Caíto y le mostraron un riñón, un recipiente usado en cirugías, lleno de sangre (106)
>
> Hoy capamos a éste dijo uno Mañana te toca a vos.
>
> Al día siguiente Caíto tenía la ingle monstruosamente hinchada.
>
> Había pasado toda la noche tratando de esconderse los testículos. […]
>
> A Marta, su mujer, le dijeron algo parecido:
>
> Hoy lo capamos a él. Mañana lo fusilamos.[49]

---

años cuarenta. O de los treinta. No podía haberlo vivido sino en las historias que guardaba la posada del tío Alejandro en San Pedro, o en la peluquería del tico de Tipitapa, o de los abuelos Rivera que nunca dejaban de contar lo duro de aquellos años cuando mataron a Sandino, el odiado reinado de Somoza que ahora Ernesto recordaba con tanta nostalgia de tiempos idos… Véase *Crisis*, 74.

[48] Véase el estudio de J. Patrice Mcsherry. *Predatory states: Operation Condor and covert war in Latin America*, Lanham, Rowman & Littlefield Publishers, 2012, pp.29-56.

[49] *Crisis*, pp. 104-106.

Con sus alusiones a los abusos padecidos bajo los gobiernos dictatoriales de derecha, *Crisis* no señala solamente los problemas económicos generados por estos, sino que también desaprueba abiertamente la parodia jurídica de varios países latinoamericanos, en los que no hubo un proceso legal para muchos de los torturadores, verdugos del sistema, quienes en vez de ser condenados por delitos de lesa humanidad, han quedado en la impunidad e incluso llevan una existencia tranquila.

> Los Caítos y las Martas del Uruguay no importan demasiado. No fueron desaparecidos y murieron por causas naturales o se suicidaron. Por otro lado, aquellos soldados con sentido del humor que jugaban a castrar presos hoy en día deben de ser unos pobres viejitos que cuidan de que sus nietos no vean escenas violentas en la televisión, mientras les explican que la violencia y la falta de moral de la sociedad hoy en día se debe a que se han perdido los valores fundamentales de la familia.[50]

Si bien *Crisis* demuestra que la estructura sociopolítica latinoamericana ha sido en gran parte "conducida" por la potencia del norte y entre los migrantes no hay ninguno que denuncie abusos del castrismo, su contenido no debe ser tildado de parcializado, pues presenta una gran objetividad. De hecho, por medio del personaje de Ernesto, el

---

[50] *Ibídem*, p. 107.

uruguayo, se da a entender, como lo hace Roberto Ampuero en *Nuestros años verde olivo*[51], que para el ciudadano corriente, las dictaduras son todas iguales. Para quien espera aterrado en una cárcel del estado, para quien soporta las torturas, para los familiares que esperan angustiados, resulta igual si su torturador es de izquierda o de derecha, pues su angustia y sufrimiento siempre serán la prueba de un crimen contra la humanidad.

> Porque en el fondo lo que más importa no son las razones políticas. El sadismo que ejercitaron con él [Caíto] no tiene ideología, aunque eventualmente puede servir a las dictaduras de izquierdas o de derecha, a las democracias del Norte o alas del Sur.[52]

Efectivamente, *Crisis* no es una obra que ve en el capitalismo el mal absoluto, aunque en sus páginas lo critica enormemente. Los inmigrantes idealistas e insatisfechos creados por Majfud conciben la contraposición capitalismo-socialismo como una falacia, principalmente cuan-

---

[51] Roberto Ampuero, *Nuestros años verde olivo*, Barcelona, Debolsillo, 2012. La obra constituye el testimonio sobre el desencanto que reemplazó a los esperanzadores efectos de la Revolución Cubana en las juventudes de todo el mundo. Roberto Ampuero describe lo que observó y vivió durante el tiempo en que se refugió en la isla de Fidel, por lo que el libro fue censurado en Cuba.
[52] *Crisis*, p. 107.

do ambas ideologías se aplican a la realidad concreta. Estos están conscientes que el magma pseudointelectual que define ambas corrientes como antitéticas ha servido, desde el inicio de la Guerra Fría, para alimentar una mafia política internacional por medio de la creación de enemigos que sirven para manipular a las masas, incluyendo las latinoamericanas. No hay motivo para adherir fanáticamente a una ideología o a otra, esa es la única solución que Ernesto, el uruguayo, encuentra para finalizar la farsa absurda que convirtió a los latinoamericanos en títeres de un pseudoantagonismo ideológico que no les pertenecía, ni les beneficiaba, pues al fin y al cabo no era su propia "mierda":

> Si viviera seguramente andaríamos medio peleados, tal vez por alguna discusión política ¿Por qué te metiste en eso? ¿Cómo no te diste cuenta de que también los rusos tenían su dictadura, sus propios crímenes, su propia mierda? [53]

Tal vez Ernesto, el uruguayo, desea transmitirnos que el hecho de que América Latina no tenga su "propia mierda", es decir que carezca de una ideología propia, ha influido para que se subordine a corrientes extranjeras que han generado efectos nocivos en los planos político-social y económico, entre ellos la migración. América Latina debería crear su propia ideología basándose en los errores

---

[53] *Ibídem*, p. 105.

que han marcado su historia, su identidad y economía, solamente así podría acabar con sus problemas[54]. Sin embargo, está claro que, por el momento, el nacimiento de una ideología latinoamericana propiamente dicha sería una quimera, pues ni siquiera "los insatisfechos Ernesto" o la enérgica Susana han logrado hacerlo, tal vez el día en que este tipo de individuos decidan ir más allá de las críticas al sistema global y creen los verdaderos gérmenes de lo que podría ser considerado como un raciocinio, iniciativa y consciencia totalmente latinoamericanos, tal vez el día que todos los intelectuales latinoamericanos dejen de corear aquellas teorías hegemónicas de derecha o de izquierda, creadas por potencias que desean imponer su poder en las periferias, se podrá poner un fin a los problemas latinoamericanos, incluyendo la migración, pero por el momento eso es solamente una ilusión, aunque al mismo tiempo represente el *quid* de la "crisis".

---

[54] En cierto modo, la reflexión de Ernesto, el uruguayo, coincide con la de Luis Rafael Sánchez en *No llores por nosotros Puerto Rico*, obra en la que el puertorriqueño sugiere que la crisis de identidad del protectorado se debe a su falta de verdaderos mitos o héroes locales. Véase Luis Rafael Sánchez. *No llores por nosotros, Puerto Rico*, Zaragoza, Ediciones del Norte, 1998.

EL PAPEL DE LOS GOBIERNOS FANTOCHES

Es importante resaltar que *Crisis* no reprocha solamente al país cuya inteligencia ofreció asesoramiento sobre las acciones "preventivas" para eliminar cualquier acción o ideología subversiva en América Latina, pues, sin acusarlos explícitamente del delito de *lesa patria*, culpabiliza a los gobiernos fantoches que, sin ningún fin patriótico, sometieron a Latinoamérica al despotismo del capital con excusas fetiches que trajeron consigo la fragilización económica por medio del desmantelamiento de las industrias locales, la desnaturalización de las empresas estatales, el desempleo y el aumento de las distancias sociales.

La corrupción de los gobiernos latinoamericanos, las mafias locales y el clientelismo han acelerado el proceso de marginación del pueblo llano. Majfud lo describe perfectamente con la alusión a las políticas adoptadas durante el polémico gobierno del mexicano Carlos Salinas de Gortari, quien fue responsable del desvanecimiento de más de mil empresas paraestatales y de la desaparición del Banco de Crédito rural. En *Crisis,* Salinas es el paradigma del gobernante latinoamericano que ha permitido que la economía nacional sea colonizada por los intereses de ciudadanos extranjeros y perjudicada por las mafias locales, como puede percibirse claramente en este fragmento[55]:

Hace una punta de años que estoy de este lado. Me vine después de Salinas. Mi pueblo no existía en el mapa hasta que llegó él. Vivíamos de hacer camisas y pants. En el pueblo todos tenían una maquinita de esas que hacían los puntos y vivíamos bien. Hasta que dijeron que el presidente iba a pasar por Guanajuato y alguien tuvo la linda idea de invitarlo para que viera el progreso del pueblo. Y cuando Salinas vio que trabajábamos lindo mandó a que nos cobraran impuestos [...] y de a poquito aquello fue para abajo. Y por si fuese poco [...] llevaron chinos al pueblo [...] Así que si esto salías doscientos pesos los chinos lo hacían por cincuenta. Después puse un puestito de tacos y refrescos y me cayó la familia, diciendo que tenía que pagar mil pesos por la protección [...] Yo me reí hasta que un vecino me dijo que ya había muerto uno así, que mejor les pagara. Y ¿de dónde iba a sacar yo si recién empezaba? Todo eso terminó de liquidar el trabajo en el pueblo y tuve que venir. Y con todo que extraño y no me acostumbro. Mire usted, cuánto tiempo hace ya que me vine para este lado a piscar frutas y no me acostumbro. Ni inglés puedo hablar más de que lo necesario para la chamba.[56]

---

[55] Véase Humberto Njaim. "Clientelismo, mercado y liderazgo partidista en América Latina". *Nueva Sociedad*, 1996, vol. 145, pp. 138-147.
[56] *Crisis*, p. 71.

En este contexto marcado por la "integración desinte-grativa" de la globalización imperialista y la corrupción lo-cal, *Crisis* nos recuerda que la migración es simplemente una de las tantas búsquedas de un antídoto para contrarres-tar la catastrófica metamorfosis que está sufriendo Amé-rica Latina debido a los intereses ocultos de un sistema hegemónico en el que las *elites* locales, como la familia del expresidente Salinas, sí benefician de las ventajas de una economía global, mientras que los ciudadanos de a pie se ven obligados a buscar la alternativa del éxodo, formando parte del fenómeno de la "transmigración latinoameri-cana". Las legiones de migrantes que viven en Estados Uni-dos deben aceptar su "máscara" y realizar trabajos que no les garantizan ninguna seguridad, resignarse a vivir con in-certidumbre, acostumbrarse a la clandestinidad, soportar los estereotipos que los tachan de ignorantes, machistas y violentos, pues esta es la única manera para satisfacer en algo sus necesidades económicas.[57]

---

[57] Para profundizar sobre las causas y efectos de la migración transnacional véase el estudio de Ignacio Corona y Abril Trigo. *New Approaches to Transnational Migration and Cultural Change*, Columbus, Ohio State University Press, 2013.

No hay antídoto para la pobreza de la globalización

Como se ha podido observar en este capítulo, *Crisis* constituye una verdadera reflexión sobre el paradójico sistema global del cual los migrantes, legales e ilegales, forman parte. El autor se sirve de los Ernesto y Susana para inducir al lector a asociar el contexto de la crisis económica con una crisis humana que surge a partir de un sofisma global que reduce a todos los individuos a la condición de máscaras que deben desempeñar un papel económico de supremacía o de subordinación en el gran teatro hegemónico.

Adicionalmente, estos personajes no solo examinan los problemas de la sociedad hegemónica en su centro propiamente dicho, sino que sacan a relucir los problemas que surgen en las periferias a partir del complejo imperial estadounidense que camufla sus intenciones expansionistas por medio del supuesto ideal democrático. Este expansionismo puede llevarse a cabo gracias a las intervenciones estadounidenses y, en el caso de Latinoamérica, a la asistencia de los líderes de las diferentes naciones.

Las alusiones que *Crisis* hace a las intervenciones estadounidenses en Latinoamérica y a la colaboración de los gobiernos locales son un componente importante para entender la causa de la migración latinoamericana. El texto establece un contraste entre la coaptación que reciben las *elites* latinoamericanas y las desventajas que la globalización trae para el "ciudadano de a pie". Los últimos intentan hacer de su éxodo un antídoto a la pobreza, pero sus historias demuestran que la migración no elimina los estamentos establecidos por el orden mundial, como se verá en los capítulos sucesivos.

III. Antihéroes del post-heroísmo

"Ask not what your country can do for you Ask what you can do for your country"[58]
John F. Kennedy

"Materialism is an identity crisis"[59]
Bryant McGill

Además de analizar la manera cómo la geopolítica ha sido un factor decisivo para la migración latinoamericana, *Crisis* es el testimonio y la conciencia de la crisis contemporánea estadounidense, de la cual forman parte los inmigrantes y los descendientes de estos. La novela explica el por qué la recesión económica esconde una verdadera

---

[58] Citado por Thurston Clarke, *Ask not: the inauguration of John F. Kennedy and the speech that changed America.* Macmillan, 2005, p. 5.
[59] Bryant Mcgill, *Voice of Reason: Speaking to the Great and Good Spirit of Revolution of Mind.* Paper Lyon, 2012, pp.38-45.

decadencia intelectual que ha conducido a la pérdida de individualidad, a la carencia de valores sociales y a la crisis existencial del ser humano. En el caso específico de los ciudadanos estadounidenses de origen latino, la novela demuestra que estos necesitan demostrar que han sufrido un proceso de "americanización" y de "deshispanización" para supuestamente integrarse a su tierra de nacimiento, aunque sea desempeñando los papeles más viles como el de cazadores de ilegales.

Esta negación de la "latinidad" conduce a una crisis de identidad que se revela como una trampa que no le permite la realización individual, pues le niega la existencia más allá de las convenciones impuestas por el sistema estadounidense. El estatus del estadounidense de origen latino se convierte en una mancha que debe ser eliminada.

Adicionalmente, *Crisis* describe el decadentismo de la globalización, el cual está marcado por la extenuación del individuo y una apatía generalizada. Es de esta decadencia que deriva precisamente el postheroismo contemporáneo, el cual representa una carencia de ideales o ambiciones constructivas del individuo hasta convertirlo en un homúnculo de lo que un día fue un ser humano, una especie de ciborg o Golem que se muda en la prueba innegable de la victoria de una hegemonía irracional. El androide, una especie de superhombre post-heroico, emerge con firmeza en esta crisis hodierna, es el vencedor y vencido de la represión global, pues carece de angustias existenciales, es una creatura sin pensamiento adapto a la era post-heroica.

A partir de este constato el pensamiento de Majfud exterioriza un fuerte rechazo contra los aspectos negativos de la sociedad de la crisis. La novela se convierte así en una crítica feroz y sin hipocresías, pues condena los mitos hegemónicos que conducen al conformismo y a la deshumanización. *Crisis* comprueba, como se verá en este capítulo, que nos encontramos delante de una sociedad distópica, en la cual el individuo no tiene ninguna trascendencia, pues se ha convertido en un simple mecano mediocre.

El culto al ciborg y la tendencia a la mecanización del ser humano expresan una clara deformación del individuo para convertirlo en un instrumento de fines abiertamente políticos y expansionistas. Esta es la filosofía ciberogística contemporánea, que cultiva el uso de la violencia a control remoto, la carencia de heroísmo y la mutilación del individuo.

Es precisamente sobre estos aspectos que se analizará *Crisis* a lo largo de este capítulo. Inicialmente se examinará las particularidades del proceso de "deshispanización" y de "americanización", para posteriormente profundizar sobre la cuestión del ciborg en la era post-heroica.

EL ANTI-EPOS LATINOAMERICANO EN EL MELTING POT SEPTENTRIONAL

Es indudable que los personajes de *Crisis* no solo representan el *anti-epos* latinoamericano, sino que exteriorizan el hecho que, en el imaginario colectivo "Yankee", estos encarnan la imagen antitética de la identidad estadounidense. En el *melting pot* septentrional existe recelo hacia la cultura latina que vive de una manera opuesta a los códigos angloamericanos[60]. Majfud, por ejemplo, usa el episodio en el que uno de los "Ernesto"[61] se confronta con la asistente social Margaret sobre las diferencias que el significado de la violencia, la guerra, el machismo[62] y la educa-

---

[60] Horace M. Kallen, "Democracy versus the melting-pot: A study of American nationality", *Theories of ethnicity: A classical reader*, New York, New York University Press, 1996, pp. 67-92.

[61] En este caso se trata del marido de María José y padre de Luisito.

[62] Sin embargo Ernesto, quien tiene una cultura definida, rechaza algunos puntos de este "entrenamiento", pues considera que la idiosincrasia americana no es superior a la suya y el ambiente en el que se desarrolla este episodio nos lo confirma, pues exterioriza que Ernesto es muy lejano al arquetipo del hombre "machista" que maltrata a su mujer e hijos, es evidente que entre él y su esposa existe una complementariedad de los papeles familiares. Él es el protector y proveedor, mientras que María José es quien se encarga del cuidado de la casa y del niño. En este grupo familiar no hay un machismo malsano, no hay dominación de

ción tienen entre Estados Unidos y América Latina, para poner en evidencia un factor importante de la crisis: la naturaleza ficticia y ambigua de una sociedad hegemónica que condena formas de violencia mucho más leves de las que ella genera en el plano mundial.

> Hace años que categorizamos y erradicamos cada tipo de violencia y le puedo decir que todos estos planes han sido un éxito.
> ¿De dónde deduce usted que han sido un éxito? [...]
> Muchos estudios lo demuestran contundentemente [...]
> ¿Desde cuándo datan esos experimentos?
> De las décadas de los sesenta y de los setenta.
> A ver, déjeme ver [...] todos los soldados y los generales y los políticos y los pastores que han participado y apoyado la última guerra en Irak [...] fueron educados de

la figura masculina sobre la femenina, no hay agresividad (aunque exista severidad), pero Ernesto sabe que debe "play the role" que Margaret, gentil inquisidora de la sociedad estadounidense, considera sea el apropiado para una familia que desea alcanzar el *American dream*.

> Era su voluntad y también era su trabajo, resistir, demostrar a la funcionaria del gobierno y al resto de los conocidos que podía llegar del trabajo molido y a veces humillado Ernesto consideraba una humillación cualquier orden que debía cumplir contra su voluntad y en silencio y cambiar pañales, lavar los platos y cantar al mismo tiempo (*Crisis*, p.17).

niños según esos métodos de no violencia ¿Cómo es que niños tan alejados de palabras fuertes, del rigor de los padres, de la muerte y del sexo en todas sus formas son capaces de bombardear mercados y ciudades llenas de niños? Niños como el mío, como los de usted ¿Sabía cuántas personas van muriendo en Irak? Más de medio millón, si consideramos personas a los iraquíes, claro.[63]

En este diálogo entre Ernesto y Margaret se describen elementos claves del proyecto de "americanización" de los latinoamericanos. Los contrapuntos entre ambos personajes exteriorizan el intento de imposición cultural proveniente de la segunda, quien usando como instrumentos deliberados el bienestar infantil, la educación cívica y el desarrollo de una personalidad sin complejos da a conocer que, desde la perspectiva del estadounidense medio, si el latino no se "americaniza" se convierte en un elemento perturbador para la sociedad. El "entrenamiento" que Margaret realiza en este núcleo familiar hispano exterioriza el esfuerzo estadounidense para afirmar su cultura de una manera "didáctica".

Estos funcionarios [los asistentes sociales] ponen mucha atención en las familias de hispanos, porque es bien sabido que proceden de una cultura machista y violenta. El entrenamiento consistía en una larga charla de cuarenta minutos más un video didáctico de diez minutos

---

[63]*Ibídem*, p. 21.

y una demostración práctica de diez minutos más, lo que sumaba una hora al fin de la cual María José y Ernesto firmaban un papel diciéndole al gobierno que el programa estaba funcionando.[64]

La visita de la asistente social estadounidense a la familia latina se desarrollaba perfectamente hasta que Luisito derramó un poco de yogur en la alfombra y Ernesto le prohibió que lo haga con un simple "no". Para Margaret el uso de este adverbio refleja una conducta autoritaria latina que podría originar una serie de trastornos conductuales en el niño. Por consiguiente, ella ve en este "no" un claro eco de la violencia física, emocional e incluso sexual de la pampa que debe ser apaciguado por medio del espíritu conciliador estadounidense.

> Procure no decirle que no. Esa es la palabra que más escuchan los niños. Por eso reproducen la negatividad en sus conductas. [...]
> Margaret le explicó que lo que había hecho Ernesto era un ejemplo de un error muy común entre los latinos.
> ¿Cuál? Preguntó Ernesto casi arrepentido.
> Levantarle la voz al niño.
> Por sus palabras deduzco que su infancia no ha sido fácil. [...]

---

[64] *Ibídem*, p. 17.

> Por ejemplo, más de una vez tuve que ver cuando a mi padre se le moría una vaca y no tenía más remedio que cuerearla. […]
>
> *My God!* Eso es suficiente para traumar a un niño […]
>
> A veces […] una pareja de cerdos que se ponían a hacer el amor delante de mí […]
>
> ¡Qué horror! Todo eso explica la violencia.
>
> Perdón, ¿cuál violencia?
>
> La violencia en los países latinos.[65]

Ernesto, por su parte, ve en la educación sudamericana menor riesgo del que existe en aquella estadounidense. El padre de familia piensa que la formación que recibió en la pampa le permitió establecer contacto con la realidad, nutriendo estímulos ambientales y sociales. No hay violencia en admitir que el niño observe objetos y situaciones que están a su alrededor, pues ellos deben servir como instrumento de unión con el ambiente.[66] Es así que el latinoamericano Ernesto insiste en el hecho de que su educación "subdesarrollada", natural, sin filtros, le permitió tener un conocimiento analítico, desarrollar su cognición creativa, le hizo un sujeto capaz de tomar contacto con la realidad que lo circunda, no lo convirtió en un violento criminal en serie, como muchos que han sido formados en base a

---

[65] *Ídem.*

[66] Véase "Jorge Majfud Entrevistado Por Patrick Moore: El «Marketing» de la violencia" (2015) en *Canal literatura.*

los preceptos "desarrollados" de una educación falaciosa, hipócritamente violenta y, al mismo tiempo, sobreprotectora como aquella idealizada por Margaret.

> Sin embargo yo no soy un criminal. Nunca he matado a nadie y detesto la violencia de todo tipo. Sin ir más lejos, no soporto que de los cien canales de televisión que tengo aquí, en por lo menos noventa siempre estén matando, sacándole un ojo o pegándole un tiro en la cabeza a alguien ¿Quiere que le muestre?
> No hace falta. Pero todo eso es ficción.
> El sexo también puede ser actuado, y sin embargo es tabú o es pornografía. Si uno se descuida, los niños pueden ver quince asesinatos por noche. Pero si dos personas se dan un beso de lengua lo censuran. Se puede representar un crimen pero no se puede representar el amor.
> Mi pastor siempre dice algo muy sabio. El mal del mundo nace cuando se confunde el sexo con el amor.
> No, yo no los confundo. Pero tampoco me aparecen necesariamente incompatibles […] a mí los cerdos de la Pampa me enseñaron no sólo que el sexo es algo natural sino que además me explicaron lo que mis padres no sabían cómo hacerlo de forma más científica. Pero en la televisión, cuando un tipo o una hermosa mujer disculpe que no haya dicho "hermoso hombre"; no es que sea machista, es que soy heterosexual, cuando algún adonis o alguna amazona le apunta a la frente de un desdichado y lo revienta de un disparo tipo misil transcontinental, ni uno

ni otro dicen alguna mala palabra. Eso está prohibido y cuidadosamente controlado.[67]

Con estas palabras Ernesto rechaza el adiestramiento estadounidense que le viene impuesto y que desean aplicar a su hijo, pues lo considera proclive a la máxima permisividad, ya que evita el contacto con los riesgos de la sociedad y termina aniquilando el espíritu luchador del individuo, iniciándolo al conformismo activo. El exceso de facilidades no ganadas, el contacto impersonalizado con la violencia y el sexo, están produciendo una grave crisis existencial en Estados Unidos y en sus "productos derivados". El modelo de civilización que Margaret trata de presentar como correcto está generando jóvenes carentes de un verdadero contacto con la realidad, incapaces de afrontar sus propias responsabilidades.

> Libertad, democracia, Dios, civilización. […] muertos no tienen familiares que lloran. Esos jovencitos con una alta autoestima, no vamos a dudarlo, esos jovencitos que van a matar fanáticos a otros países piensan que están en un *video game*. […] Y si alguno ve algo en vivo y en directo, es decir, algún descuartizado afuera de la pantalla azul y verde, entonces lo mandan a psicólogos de prestigio […] Y los que no van a la guerra ni se suicidan al volver se dedican al abuso de la Coca Cola, en el mejor de los casos, o a la coca a secas, en el peor ¿Sabía

---

[67] *Crisis*, pp. 19-20.

usted que en este país, con niños tan bien educados y
alejados del sexo y la violencia de decir *no*, es el mayor
consumidor de estupefacientes del mundo? ¿sabía usted
que en el país donde están prohibidas las malas palabras
y alguna que otra cola hermosa en la televisión, donde
una mirada puede ser considerada acoso sexual [...] no
obstante, y tal vez por eso mismo, está lleno de psicópa-
tas sexuales y asesinos en serie? En nuestros atrasados
países los asesinos matan porque son bestias. Le pegan
un tiro a uno. Casi no se conoce eso de matar en serie,
porque es un invento de la producción y reproducción
sistemática de cosas. Los asesinos en esos países atrasados no calculan, no aprietan botones y suprimen dos-
cientas mil personas en un solo día. Eso solo es posible
en un país donde los niños son criados bajo las mejores
teorías psicológicas de la no violencia y el pudor.[68]

Es así que, por medio de Ernesto, Majfud realiza una
dura crítica a la inercia moral en la que ha caído la sociedad
hodierna y que se ha convertido en el escenario donde se
mueven los personajes de *Crisis*. La educación hegemónica
se relaciona con esta desidia y con la indiferencia, pues en-
vuelve una renuncia total a la "vida verdadera", dando valor solamente a aquello que es fingido y artificial. Los
individuos contemporáneos, aquellos que han seguido
una formación como la sugerida por Margaret, son seres
que ni siquiera pueden alcanzar el aburrimiento existen-

---

[68] *Ibídem*, p. 22.

cial que experimentó el personaje de Oblomov, pues carecen de emociones. La apatía es el verdadero *modus vivendi* de los países desarrollados, un sistema comportamental que prescinde de la cruda realidad que los propios individuos generan, pero que tienden a ignorar. La educación de Margaret está produciendo villanos impasibles, una tipología de seres incapaces de entender el alcance de propios actos, pues no lograr probar un "sentido de culpa".

Más bien pienso que si no hay ninguna noticia que diga que fueron mis pisotadas de grandulón que mataron al empleado del Wal Mart entonces yo no fui, no soy yo el culpable del homicidio. Es más, lo que debe de haber pasado es que aquello blando que se quejaba ni siquiera era una persona. El otro día vi un almohadón con forma de tigre que te abraza y sirve para mirar la tele y creo que hasta ruge como persona, como una mujer. Y te abraza para que no te sientas solo[69].

Con este tipo de observaciones, Majfud no presenta solamente la situación geopolítica, económico-social que marca la realidad de los personajes de *Crisis*, pues también introduce el fondo psicológico-filosófico de la sociedad estadounidense durante los años caracterizados por las intervenciones internacionales, el belicismo y una educación permisiva. A través de Ernesto, esposo de María José y padre de Luisito, se denuncia esta "crisis" antropológica, producida por un embuste formativo que ha conducido a la

---

[69] *Ibídem*, p. 45.

"crisis" anímica del ser humano, del concepto de individualidad y del humanismo propiamente dicho. Este tipo
de "crisis" no se origina precisamente en los países subde-
sarrollados, aunque allí también se sienten sus secuelas,
sino que nace en las sociedades hegemónicas, donde la ausencia de un espíritu heroico quita valor a la vida misma,
al valor de la experiencia y del contacto con la realidad.

Desde esta perspectiva, Majfud, probablemente basándose en algunas tesis de Erich Fromm, podría estar sugi-
riendo que la sociedad angloamericana está enferma,
desde un punto de vista psicosomático.[70] El factor central
de esta patología estadounidense es el fenómeno que impide que sus miembros desarrollen las facultades propiamente humanas de comunicación y convivencia, que sí se
pueden encontrar, según uno de los Ernesto majfudianos,
en los latinos y en los negros[71], tal vez porque estos tienen
un *modus vivendi* que aún conserva elementos del mundo
pre-capitalista. En *Crisis*, Estados Unidos representa una

---

[70] Efectivamente, uno de los "Ernesto" alude a *El miedo de la libertad*. Aunque la obra de Erich Fromm se aplica principalmente
a las causas que permitieron que surgiera el nazismo, su perspectiva compagina con la del personaje de Ernesto en el hecho de
que ambos exploran la relación cambiante entre la humanidad
y la libertad, enfatizando la ausencia de la última. Véase *Crisis*,
p. 67 y Erich Fromm, *The fear of freedom*, London, Routledge &
Kegan Paul, 1942.

[71] *Crisis*, p. 37.

sociedad que minimiza los pequeños hábitos que constituyen la existencia. El sistema del poder dispone de la vida de los ciudadanos, razonando siempre en términos materialistas y dando un enorme valor a la utilidad. *Crisis* nos muestra que estamos viviendo en un periodo marcado por el triunfo de la superficialidad, sin consciencia, sin ética moral, donde todo ocurre por la búsqueda de la inmediata gratificación.

> Los anglos sí que saben morir.
> Pero no saben vivir. No saben comer, no saben perder el tiempo, no saben conversar. De los containers de sus casas pasan a los containers de sus autor y de ahí los esperan otros containers aún más cerrados, rodeados de estacionamientos, más extensas áreas negras cuadriculadas de blanco y amarillo donde colocan los primas móviles.[72]

A la manera de los *Silogismos de la amargura* de Emil Cioran[73], el personaje de Ernesto transmite un mensaje funesto: la sociedad hegemónica teme a la libertad, los seres temen usar sus capacidades para pensar y crear por sí mismos, no hay individuos, hay máscaras que desempeñan

---

[72] *Idem*.
[73] Mara Magda MAFTEI, *et al.* « Cioran et sa relation avec l'histoire », *Annales Universitatis Apulensis. Series Philologica*, 2013, vol. 14, no 2, pp. 111-125.

una función social. De esta manera, la cuestión de la idiosincrasia estadounidense estaría legada no solamente con
problemas de naturaleza político-social, sino con la índole
del ser humano propiamente dicho, cuya falta de evolución le conduce a no saber vivir.

La alquimia "americanizadora" y "deshispanizante"

Además de mostrar el proceso de "americanización" al que debe ser sometido Ernesto y su familia, *Crisis* constituye un *corpus* ideal para dar lugar a una reflexión teórica sobre las cuestiones de identidad que corresponden a los jóvenes latinos nacidos en Estados Unidos, pues son personajes que viven una existencia *entre-deux*[74]. En *Crisis*, este estado intermedio es percibido como la puerta abierta a una crisis de identidad, pues puede significar, en parte, ubicarse como ciudadano de segunda zona e integrante de lo que la mayoría estadounidense considera una sub-cultura.

La doble-cultura, o mejor dicho la doble-pertenencia, tiene efectos catastróficos en muchos de los personajes de *Crisis*, haciendo difícil la total integración. Ese es, por ejemplo, el caso de Nacho Washington Sánchez, personaje que pierde la vida en una fiesta de adolescentes latinos nacidos en Estados Unidos. Se trata de un *chicano* que vuelve al colegio con casi veinte años de edad. Un estadounidense

---

[74] Véase Jean Foucart, « Métissage et interculturel: une approche à partir de la transaction », *Pensée plurielle*, 2009, no 2, pp. 27-39.

*jus soli*que ha pasado gran parte de su adolescencia trabajando en una fábrica de pollos.[75]

La historia de este joven, hijo de una pareja sin documentos, termina mal, pues es asesinado por el grupo de George, hijo de latinos con documentos. La excusa para el crimen fue la protección a la joven Lilian, aunque en realidad Nacho Washington no estaba interesado en ella, sino en su amiga Claudia. Más allá de la intriga que termina en homicidio, este episodio manifiesta uno de los motivos de mayor importancia de la obra: la crisis de identidad de los latinos nacidos en Estados Unidos.

Sin lugar a dudas, Nacho es uno de los personajes más reveladores y probablemente más verosímiles de *Crisis*. Se trata de alguien a quien le resulta complicado asumir su papel de "estadounidense de papel", pues su identidad étnica y la condición jurídico-social de su familia le incitan a rechazar los pequeños privilegios que le otorga el derecho de suelo. La crisis de Nacho proviene de su decisión de autodefinirse en base a la identidad que le corresponde por la sangre y no por aquella que le ha sido otorgada por el lugar de nacimiento. *Ius soli* versus *Ius sanguinis*, esa es su triste dicotomía.

---

[75] Véase James Brown Scott, "Nationality: jus soli or jus sanguinis", *The American Journal of International Law*, 1930, vol. 24, no 1, pp. 58-64.

Todos sabían que los padres de Nacho eran ilegales y no habían salido de esa desde que el Nacho tenía memoria, por lo que él mismo, siendo ciudadano, evitaba siempre encontrarse con la policía, como si lo fueran a deportar o lo fueran a meter preso por ser hijo de ilegales, cosa que él bien sabía que era absurdo pero era algo más fuerte que él. Cuando le robaron la billetera en el metro al aeropuerto no hizo la denuncia y prefirió volverse a casa y perdió el vuelo a Atlanta. Y por eso uno podía decirle lo peor y el Nacho se quedaba siempre en el molde, mascando rabia pero no levantaba una mano, que mano y fuerza como para doblar un burro no le faltaba. No él, claro, él no era ilegal, era ciudadano.[76]

Mientras Nacho representa al individuo que no logra autodefinirse como ciudadano estadounidense, George, su asesino, rechaza su identidad mexicana a pesar de que sus progenitores lo son. El joven homicida se deja guiar por la imagen que la sociedad estadounidense tiene de los hispanos y relega su herencia cultural. George pone las distancias entre él, ciudadano estadounidense y "ellos", los mexicanos, entre los que incluye a Nacho, sin recordar que este también había nacido en Estados Unidos.

No, no lo queríamos matar, pero él se lo buscó. ¿Qué delito hay peor que abusar de una niña? No la manoseó, pero así empiezan todos ellos. Ellos, usted sabe a quiénes me

---

[76] *Crisis*, p. 30.

refiero [a los mexicanos]. ¡Ellos! No fuerce mi declara-
ción, conozco mis derechos. Ellos no saben respetar la distancia personal y luego pierden el control. No, mis padres
eran mexicanos pero entraron legales y se graduaron de la
universidad de San Diego. No, no, no... Yo soy americano, señor, no confunda.[77]

Este pequeño párrafo que reproduce el discurso de
George es rico de significado, pues está cargado de ironías
en relación al rechazo que el joven tiene hacia su mexica-
nidad a pesar de que su ambiente social y su comportamiento podrían servir para afirmar que los estereotipos
sobre la figura del *violent chicano* tienen cierta validez[78].
También es revelador el hecho de que este personaje haya
adoptado la misma estrategia de ataque del que considera
su país, pues ha "intervenido" providencialmente para
"acabar con el mal" generado por Nacho, representante de
"ellos", los mexicanos, los *outsiders*. George, el estadounidense, ha cometido un crimen para, según él, erradicar el
peligro mexicano.
    En efecto, George, al igual que otros personajes de *Cri-
sis* entre los que pueden incluirse las Niurka Marcos y las
Jennifer López, es un producto de la "alquimia" americani-

---

[77] *Ibídem*, p. 31.
[78] Marjorie S. ZATZ, "Chicano youth gangs and crime: The creation of a moral panic", *Contemporary Crises*, 1987, vol. 11, no 2,
pp. 129-158.

zadora y deshispanizante[79] tan alabada por Margaret, la asistente social. George, las Niuka y las Jennifer han tratado de adoptar una máscara estadounidense, convirtiéndose en una suerte de homúnculos de la hegemonía.

De este modo, Jorge Majfud pone en evidencia que muchas veces la relación entre los estadounidenses de segunda generación y su patria está marcada por el deplorable servicio que ofrecen como "intermediarios" entre Estados Unidos y los migrantes hispanoamericanos. La triste función de estos ciudadanos de origen hispánico es descrita claramente en el capítulo que relata la llegada de la policía de migración a una fábrica donde trabajaban mujeres sin documentos.

> Las demás [mujeres ilegales] se callaron. La mujer de la Migra las estaba entendiendo desde el comienzo ¿Cómo no se habían dado cuenta, con esa cara de Niurca Marcos? El problema de las Niurca Marcos es que nunca se sabe si son latinas o americanas ni cuando abren la boca. No tienen acento cuando hablan inglés [...], pero entienden hasta los más sutiles insultos en español. Pero si te las imaginas sin el uniforme y con el pelo sin teñir

---

[79] He retomado estos términos entre las cartas que Fernando Ortiz enviaba a Miguel de Unamuno. Para Ortiz indican el fenómeno cultural de los cubanos en Estados Unidos. Véase Carlos Serrano. Miguel de Unamuno y Fernando Ortiz (un caso de regeneracionismo trasatlántico). *Nueva Revista de Filología Hispánica*, 1987, vol. 35, no 1 pp. 299-310.

y sin los lentes de contacto celestes, enseguida te das cuenta de que son como nosotras. Por eso las contratan y por eso ganan tanta plata, son imprescindibles a la hora de cazar ilegales.[80]

La relación entre Estados Unidos y sus "homúnculos" es muy estrecha, pues su carácter y personalidad han sido moldeados para convertirlos en defensores y guardianes del país. De hecho, las Niurca Marcos y las Jennifer López de *Crisis* constituyen en un tipo de verdugo de los migrantes ilegales, son las ejecutoras públicas de la justicia y la causa de la separación de muchas familias. Ellas encarnan la función punitoria, el trabajo silencioso, pero efectivo, de la "purificación" de la ilegalidad.

Por favor, señorita, necesito llamar a la niña. Está solita en la casa.
That's illegal too [...]
En un cuarto impecable [...] una mujer parecida a Jennifer López le indico que se desnudara después de sacarse de encima todos los personal *stuffs*. Mientras Guadalupe buscaba en sus bolsillos, la Jennifer se encondonaba las manos con guantes de látex blanco como si fuese a operar a alguien o como si fuese a revisarle la vagina... [81]

---

[80] *Crisis*, p. 77.
[81] *Ibídem*, p. 78.

Además de presentar casos de adhesión total a la etnicidad mexicana por medio de Nacho, de negación de los orígenes latinos con el personaje de George y de cazadores de ilegales a través de las "Niurca" y las "Jennifer", *Crisis* pone a la luz otro triste aspecto que puede colegirse con la supuesta integración de los ciudadanos estadounidenses de origen latino: convertirse en la nueva carne de cañón para las intervenciones en Oriente Medio.

Este aspecto es representado a través de la historia de Tony Gonsález soldado de origen hispano que regresa mutilado después de haberse arrojado a una granada mal hecha para proteger a sus compañeros.[82] Tony ha sido más desafortunado que George, pues no solo ha tenido que cercenar su hispanidad para afirmar su "americanidad", ha tenido que mutilar su cuerpo para convertirse en un "héroe" de la América post-heroica, ha sacrificado su integridad física mientras "su país" intervenía Irak, para al final ser pagado con una medalla de plata que da fe de su valor.

---

[82] El apellido del soldado ha sido escrito de esta manera. Probablemente porque Majfud desea indicar los errores que se realizan en las diferentes oficinas del registro civil estadounidense. Un caso similar ocurre en la obra de Mario Puzo, quien insiste en el hecho de que muchos apellidos italianos, incluyendo el suyo que originalmente lleva dos "z" han sido alterados en su grafía original debido al poco conocimiento que las autoridades estadounidenses tenían de las reglas ortográficas de los países neolatinos.

Pero se enojó un día que me escuchó decirle a María José que no entendía por qué no le habían dado la de oro, siendo que arriesgando su vida salvó a cinco compañeros de armas de una muerte segura. La loca de María José, que es una liberal amarga, según Tony, había dicho o había sugerido, que de no ser latino hubiese recibido la de oro.[83]

Tony Gonsález, quien evidentemente presenta un desorden de estrés postraumático[84], lucha para darle un significado a su vida después de convertirse en un mutilado de Irak. Su degradación corporal demuestra que ha sido el idiota útil de una invasión controlada a distancia por un presidente que no estaba "preparado para la guerra"[85]. Sin embargo, Tony se obstina en ignorar esta verdad, prefiere creer en el binomio patriotismo-belicismo que ha marcado la sociedad estadounidense probablemente desde la desafortunada experiencia de Vietnam o quizás desde la Segunda Guerra Mundial.

---

[83] *Crisis*, p. 46.

[84] Véase Alejandro Enrique, "Neuroticismo, extraversión y estilo atribucional en veteranos de guerra: una aproximación desde el estrés postraumático", *Interdisciplinaria*, 2004, vol. 21, no 2, pp. 213-246.

[85] James P. Pfiffner, "Did President Bush mislead the country in his arguments for war with Iraq?", *Presidential Studies Quarterly*, 2004, vol. 34, no 1, pp. 25-46.

Tony *I wish* se acariciaba el muñón *the intelligence* derecho. Por alguna razón *had been different* todavía sentía su pierna ahí, *I guess* moviéndose como un fantasma. *I think* También *I was* le faltaba la otra pierna, pero *unprepared* no la sentía ahí, era como si estuviese dormida *for war*.[86]

En este fragmento, en el que Majfud alterna las palabras del republicano George W. Bush y las sensaciones de Tony Gonsález recuerda la historia de Ron Kovic, mutilado de la guerra de Vietnam, cuya autobiografía *Nacido el 4 de julio*[87] fue llevada al cine, pero al mismo tiempo, la

---

[86] *Crisis*, p. 47.
[87] Ron Kovic, *Born on the Fourth of July*, New York, Open Road Media, 2012. Se trata de una autobiografía contra el sinsentido de la guerra, pues muestra la manera cómo un joven de la clase trabajadora decide enlistarse en el ejército y servir a su país, influenciado por los discursos de los reclutas de la marina que van a su colegio y, sobre todo, por la frase de John F. Kennedy que se cita al inicio de este capítulo, que incitaba a los jóvenes a que hicieran "algo por su país", este algo era precisamente ir a Vietnam para luchar comunismo, pero cuando llega al país asiático, Kovic no debe agredir a los Viet-Congs, sino que debe atacar a la población civil. Además, cuando Kovic cae herido, recibe una atención médica precaria y queda paralítico, al igual de Tony Gonsález, pero al contrario de este, cuando regresa a Estados Unidos toma de consciencia de que fue víctima de la propaganda, y, principalmente, que su minusvalía representó un sacrificio inútil. Diferenciándose al personaje de *Crisis*, Ron Kovic se

historia de Gonsález, pone en evidencia que la masa latina se ha convertido en la nueva reserva bélica de Estados Unidos. Los latinos como Gonsález han tomado el puesto que durante la guerra de Vietnam ocuparon los angloamericanos de la clase trabajadora a la que pertenecía Kovic. La lucha de los veteranos activistas ha dado una gran lección a las autoridades estadounidenses: los latinos son aquellos que deben ser reclutados para pelear en la guerra, no la *American White Working Class*.

> Tony Gonsález miraba ABC News y se acariciaba el muslo derecho. El presidente daba una de sus últimas entrevistas como presidente. Desde que Tony volvió de la guerra está así, no sé si diría pensativo o es que no quiere pensar en lo que pasó ni quiere hablar de eso. Pero se siente orgulloso de haber servido a la patria [...]. El mismo general Patrik Gonzáles, que vaya casualidad casi lleva su mismo apellido, le colgó la estrella de plata al valor.[88]

Para dar una mirada retrospectiva de la guerra, *Crisis* se sirve de los tres González: Tony Gonsález, Patrik Gonzáles y Robert González, estos permiten reflexionar sobre

---

percata que su labor en el frente de guerra no fue heroica, fue indigna. Esta toma de conciencia aumenta su sensación de fracaso, pues además de haber perdido la movilidad de sus piernas, también ha perdido la fe en todo lo que le habían enseñado a creer.

[88] *Crisis*, p. 46.

la función que los conflictos armados tienen para afirmar o adquirir los derechos de ciudadanía. Los tres personajes son la metáfora de la presencia latina en las intervenciones internacionales, el símbolo del hispano como instrumento para imponer el poder estadounidense en otros países. Al mismo tiempo, si pensamos a que muchos de estos son hijos de gente que tuvo que dejar su país debido a las intervenciones angloamericanas en América Latina, podría concluirse que ellos constituyen una prueba más de la gran paradoja estadounidense.

Jóvenes del dream act: mercenarios del ejército estadounidense

Sin citar el *Dream Act*,[89] Majfud nos recuerda que la guerra no solo es una alternativa para los ciudadanos estadounidenses de origen latino, pues también se ha convertido en una vía para la legalización de muchos jóvenes indocumentados que se han criado en Estados Unidos, como es el caso de Robert González[90], personaje que probablemente sirve para que Majfud retome ciertas tesis de Jorge Mariscal, experto en estudios chicanos, quien considera que el gobierno estadounidense busca soldados

---

[89] Efectivamente, el *Dream Act* establece que aquellos jóvenes que aprueben tendrían que completar dos años de universidad o alistarse en las fuerzas armadas para conseguir la residencia: opciones donde lo más fácil, como afirma Jorge Mariscal, es el servicio militar porque no es costoso ni complejo si se terminó la secundaria en el país. Véase Youngro Lee. To dream or not to dream: A cost-benefit analysis of the Development, Relief, and Education for Alien Minors (DREAM) Act. *Cornell JL & Pub. Pol'y*, 2006, vol. 16, p. 231.

[90] Robert González de *Crisis* es un personaje que podría considerarse afortunado, pues según informan algunos estudiosos de la cuestión *Dream Act*, gran parte de los latinos obtienen la ciudadanía póstuma.

latinos para ir al frente de batalla, ahora que la Guerra en Irak es impopular. [91]

> Habíamos ido todos al Auditórium del Community College a escuchar al soldado Robert González que había vuelto de la guerra un mes atrás. Robert González había sido reclutado sin ser ciudadano, pero al volver el gobierno lo premió con la ciudadanía, que era lo menos que podía hacer con un héroe de nuestra comunidad que nos demuestra, una vez más, que lo del Sí Se Puede es mucho más que un simple eslogan. Y yo no podía perder esa oportunidad de mostrarles a mis chiquitos del middle school otro ejemplo de lo que siempre digo, que este siglo es el de los hispanos en Estados Unidos, que los cuarenta y cinco millones de mucamas, obreros de la construcción y soldados de hoy mañana serán noventa millones de profesionales...[92]

Robert González, y todos aquellos que en la "vida real" se encuentran en su situación, ejemplifican otra de las tantas paradojas estadounidenses, pues mientras el Pentágono busca a jóvenes no ciudadanos para llenar las filas de las

---

[91] Véase el estudio de Jorge Mariscal, "Latino/as in the U. S. Military" en *Inside the Latino/a Experience: A Latino/a Studies Reader*, New York, Palgrave/Macmillan, 2010, pp. 37-50.

[92] *Crisis*, p. 86.

fuerzas de ocupación de Estados Unidos[93], otros trabajadores no ciudadanos, cuyas contribuciones económicas a la nación son innegables, son perseguidos y acosados por otras agencias del gobierno de Estados Unidos para ser deportados[94].

Los latinos se han convertido en blanco de los reclutadores porque en realidad los conflictos bélicos y todo su aparato tienen un componente de discriminación de clase social y económica. En *Crisis* la guerra es vista como una herramienta de perpetuación y afirmación de las diferencias estamentales estadounidenses. Al igual que los angloamericanos de la clase trabajadora fueron perjudicados por la manipulación de los reclutadores para Vietnam, los latinos son víctimas de un lavado de cerebro que les hace pensar que la guerra es el único camino para afirmar su pertenencia a EEUU y por ello adoptan un chauvinismo ciego que les impide advertir que solamente integran las tropas inconsideradamente expuestas a peligro de muerte en los conflictos internacionales.

En el combate suprimió un centenar de enemigos. No recordaba ningún rostro en particular. Casi no había podido ver ninguno con claridad. Pero sí recordaba el sabor del miedo en la saliva y el olor a sangre y polvo que una

---

[93] Véase Hector Amaya, "Dying American or the violence of citizenship: Latinos in Iraq", *Latino Studies*, 2007, vol. 5, no 1, pp. 3-24.

[94] Véase 4.5.

noche lo rodeó a él y a sus compañeros, muchos de los cuales no regresaron[95].

Los hispanos están transformándose en mercenarios del ejército "americano" y de los intereses de las corporaciones estadounidenses. La sociedad que tanto denigra la cultura hispánica por violenta y machista, los convierte en exterminadores, no solo de los supuestos enemigos del sistema, sino también de civiles que se encuentran en el lugar equivocado y en el momento equivocado. La formación que tanto elogia Margaret, la asistente social de *Crisis*, enseña a disparar antes de enseñar a pensar.

> *Ramos*: Una encuesta revela que dos de cada tres hispanos creen que los Estados Unidos deberían retirar sus tropas de Irak...
> *Hunter*: ...si usted averigua qué piensan los hispanos de la Décima División de la Marina y de la Caballería, los resultados en la encuesta serán muy distintos a los de la encuesta que habla usted.[96]

Es así que los Gonzáles de *Crisis* son simplemente homúnculos de la legión de seres de segunda clase que actúan para satisfacer los imperativos económicos de un país que se obstina en llevar a cabo costosas ocupaciones para apoderarse de la panacea contemporánea: el petróleo. Son

---

[95] *Crisis*, p. 61.
[96] *Ibídem*, p. 25.

instrumentos que permiten perpetuar las intervenciones bélicas que confieren una imagen de omnipotencia a la "tierra del tío Sam".

EL LATINO: OTRO PRODUCTO DE LA POTESTAD HEGEMÓNICA

Como se ha indicado, *Crisis* no se limita a referir la relación entre "crisis" y "migración", es una obra de gran fondo filosófico-social que refleja los males de una era en la que triunfan los intereses capitalistas disfrazados de patriotismo. Los "latino-estadounidenses" de *Crisis* tienen problemas al identificar su "yo", no solo por los conflictos que puede producir el pertenecer a dos culturas, sino porque forman parte de una sociedad que, como ya lo he mencionado, ha eliminado el individualismo. No hay héroes en *Crisis*, simplemente hay seres que sirven a los intereses del sistema. Es por ello que el lector de esta novela mosaico podría tener la impresión de que los latinoamericanos nacidos en Estados Unidos, los naturalizados estadounidenses y los inmigrantes –legales e ilegales– son una suerte de productos derivados del orden hegemónico, ya que forman parte, al igual que los ciborgs, de un tipo de alquimia liberal a la cual, desde mi perspectiva, Majfud alude por medio del personaje del *Terminator* interpretado por Arnold Schwarzenegger, quien, como recuerda la voz narradora de la novela, fue ilegal como muchos de los personajes majfudianos.

> *Al igual que María, alguna vez en su juventud Schwarzenegger fue un inmigrante ilegal, aunque su esfuerzo y sudor lo dejó en un gimnasio de Santa Monica, no en los campos de producción agrícola. En el mundo de hoy más conocido*

> *como el actor que [….] dio vida al cyborg del exterminador. The Terminator, el hombre-máquina enviado por las máquinas inteligentes del 2019 al año 1984.*[97]

Podría asumirse que, por medio de la analogía que la voz narradora establece entre el *Terminator* y los personajes majfudianos, el ciborg revela una transformación simbólica y antropológica que está ocurriendo en el presente. Asimismo, podría pensarse que, al igual que esta criatura formada por materia orgánica y dispositivos tecnológicos, los George, las Niurca Marcos, las Jennifer López y los González también son producto del ensamblaje y del artificio, pero esto no se debe exclusivamente a su condición de latinos, sino al hecho de que integran un sistema de individuos axiológicamente mecanizados, quienes bajo la forma del "soldado patriota", "policía severo", "adicto consumidor", cumplen órdenes, incluso aquellas aberrantes, sin ninguna capacidad de reflexión. Es a través de estos "mecanos" que *Crisis* figura una época en la que el héroe no determina la actitud del pueblo, pues seguirlo significaría alejarse de la imagen del hombre domesticado, que busca la autorrealización en el plano superfluo.

> Es tiempo de las compras de navidad, debe ser por eso. O no es por eso. Manhattan es así, siempre feliz, siempre indiferente. Tanta gente, piensa Lupita, tanta gente y todos

---

[97] *Ibidem*, p. 9.

solos. Ernesto, el uruguayo de la libretita de cuero y la go-
rra escocesa la mira desde un Starbucks y escribe, "Se de-
tiene frente a una vidriera donde Santa Claus con
movimientos mecánicos saluda con las dos manos. Es un
mecano. Se parece a nosotros".[98]

Así como el Golem es una condición incompleta del
Adán arquetípico o los ciborg son creaturas humanoides
artificiales[99], la mayor parte de los estadounidenses de origen latino descritos en *Crisis* son presentados como una
emulación del modelo "americano" dominante. Son ciudadanos cuya función es similar al de un dispositivo que
se activa cuando es necesario, por ejemplo en la guerra o
en la caza a los ilegales. Los latino-estadounidenses comparten con los ciborgs y con el Golem el hecho de que po-
seen una naturaleza que oscila entre dos mundos, son seres
de la frontera, hechos de dicotomías que tienen en sí la se-
milla de la dominación y de la exclusión, pues su "americanización" constituye una prótesis similar a los pedazos
que hacen un ciborg.

Sin embargo, sería absurdo afirmar que Majfud otorga
esta condición exclusivamente a los estadounidenses de
origen latino, pues considera que la crisis existencial de

---

[98] *Ibídem*, p. 54.
[99] Véase Ernestine Daubner. *Manipulating genetic identities: the
creation of chimeras, cyborgs and cyber-golems*, ", Parachute, no 105,
pp. 84-91.

estos forma parte de los problemas globales del siglo XXI, en el que la identidad ha sido reubicada en un nuevo universo tecnológico de presuntas prolongaciones de nuestro ser, definiendo a los seres humanos en base a un mimetismo, una anulación de la consciencia y una capacidad de consumo que los conduce a la pérdida de su humanidad, convirtiéndolos en ciborgs hedonistas, caracterizados por el despilfarro, la falta de raciocinio y la acumulación innecesaria.

> Consumidores de este mundo, uníos dice el aburrido Ernesto. Así sostenemos las industrias en Asia y América Latina. Una vez más los pobres y hambrientos del mundo tienen nuevas razones para agradecer los despilfarros que hacemos por aquí.[100]

Como resultado Majfud transmite un mensaje pesimista: no hay una dimensión épica en *Crisis*. En consecuencia, el texto describe una época en la que la individualidad humana ha desaparecido y el *ciborg*[101] se ha

---

[100] *Crisis*, p. 62.

[101] Ya en su libro *Cyborgs* Majfud habla de la identidad reubicada en este nuevo universo tecnológico de presuntas prolongaciones de nuestro ser. En *Crisis*, el ciborg podría relacionarse con el pensamiento de Donna Haraway. *Simians, cyborgs, and women: The reinvention of nature*, quien analiza la frontera entre culturas, la naturaleza, la necesidad y la voluntad. Aunque la intención de Haraway es reivindicar lo que las primeras formas de feminismo

convertido en el nuevo ser mitológico, en el semidiós de una sociedad que carece de esencia divina. Estos son una prueba de que no hay espacio para el heroísmo, pues nos encontramos delante de un universo sin valores, en la cual incluso la muerte se proporciona presionando un botón.

Si antes la guerra se basaba en una licencia moral entre el morir o el matar y el riesgo se percibía directamente cada vez que se exterminaba un adversario, en la actualidad, en cambio, es muy extraño que exista un combate entre el asesino y el asesinado, no hay una sensación de riesgo recíproco, hay simplemente *drone operators* que matan a control remoto y algunos ciudadanos de segunda clase, como Tony Gonsález, que se sacrifican, sin saber que simplemente sirven para crear un poco de *pathos* que, en medio del conflicto, contribuyendo a la doble dinámica o desdoblamiento de la sociedad estadounidense.

---

habían estigmatizado, su estudio de lo corpóreo, de la exclusión y la idea de la relocalización podrían adaptarse a la condición del migrante. En el manifiesto de Haraway los ciborgs entran en la misma categoría de las mujeres y los simios, lo ultra tecnológico se une a lo pretecnológico. En *Crisis*, la figura del ciborg podría relacionarse con el estado de hibridación cultural del estadounidense de origen latino o con el proceso de adaptación del migrante. Para mayor información consúltese Jorge Majfud, *Cyborgs*, Madrid, Editorial Izana, 2012 y Donna Haraway. *Simians, cyborgs, and women: The reinvention of nature*, New York, Routledge, 2013.

Esta doble dinámica hace que Majfud deshile la red del juego de dobles y figuras que el contexto de *Crisis*. El autor esquematiza este *modus operandi* estadounidense por medio de la deconstrucción de su fenómeno metapsíquico más importante: el desdoblamiento que sirve para esconder y relativizar las trabas de una masa marcada por las fallas y las debilidades hegemónicas. Este puede percibirse, como lo concluyen los profesores Ernesto y Susana de *Crisis*, en los superhéroes de las ficciones estadounidenses, cuyas máscaras[102] de confianza y protección se relacionan directamente con la crisis provocada por una cultura capitalista que oculta los problemas de su cotidianidad, pues como afirma Majfud: "En la dislocación, el discurso y la acción no coinciden o son, con más frecuencia, contradictorios. Razón por la cual Superman no habla, actúa"[103].

En *Crisis* los superhéroes constituyen la prueba de que el poder hegemónico pretende ser presentado con atributos contrarios a su realidad: la bondad y el heroísmo. Es así que, por ejemplo, *Superman* vestido con la bandera estadounidense se convierte en el símbolo del benévolo súper poder norteamericano que defiende a los débiles. Sin embargo, *Crisis* demuestra que este no es el superhombre del

---

[102] Véase 2.2.

[103] Jorge Majfud, "Superman: los superhéroes de la cultura de masas", *Gaceta Mercantil*, 2013. Disponible en http://www.gacetamercantil.com/notas/34722/los-superh%C3%A9roes-cultura-masas.html

capitalismo, sino una falsa superación de la humanidad. Representa el travestimiento de la decadencia y, por consiguiente, la prueba de que el verdadero heroísmo ha sido superado. A diferencia del superhombre nietzscheano, el superhéroe hegemónico encarna simplemente el ocaso del humanismo y el verdadero inicio de la era post-heroica. Es el portaestandarte de la crisis actual, la demostración de que el "hombre masa" es el último ejemplar del ser humano, antes del nacimiento de las creaturas totalmente mecanizadas.

Desde esta perspectiva *Crisis* manifiesta que el superhéroe de la hegemonía, al igual que los ciudadanos "normales", es un producto construido por el nihilismo del occidente, no es un ser independiente, es simplemente un siervo, una construcción, un esclavo del sistema. Majfud expone que el superhéroe es un tipo de predicador del mensaje hegemónico, uno de los tantos instrumentos para el travestimiento de la sociedad de masa, integrada por máscaras humanas que aceptan su papel pasivamente, como las Niurka, los George y los González de *Crisis*.

En este sentido, pienso que *Crisis* transmite un mensaje análogo al orwelliano, pues de manera similar al personaje de Winston, protagonista de *1984*, los Ernesto, las Guadalupe, Susana y los Nacho podrían representar los "últimos humanos" de la sociedad contemporánea. Tal vez Majfud considera que aquellos personajes que no logran "deshispanizarse", que aún "saben vivir" podrían demostrar el por qué el latino que no se transforma en un estadounidense no puede convertirse en un protagonista en la era post-heroica. *Crisis* demuestra que la adaptación, la "americanización" consiste precisamente en aceptar ser un personaje secundario de la sociedad hegemónica y aceptar, como Winston, que *2 + 2 = 5* si esto le viene impuesto.

La conversación entre Ernesto y Margaret, el contraste entre Nacho y George, la función de verdugo de Niurka Marcos y el reclutamiento de los González podrían ser interpretados como señales majfudianas que indican dos perspectivas diferentes delante a la hegemonía. La primera corresponde a aquellos que desean conservar su individualidad y que, como Winston de *1984*, deben entender que tarde o temprano el sistema va a tratar de terminar con su espíritu heterodoxo. La segunda corresponde a aquellos que aceptan formar parte de un sistema que censura la libertad y el individualismo. Es así que aunque *Crisis* no puede ser definida como una novela distópica propiamente dicha, podría decirse que Majfud sí toma ciertos elementos distópicos para realizar una dura crítica de la realidad sociopolítica actual marcada por la crisis del post-heroísmo, en la que los héroes del pasado han sido reemplazados por entes mecanizados.

IV. Más allá del desierto no está tierra prometida

California is a tragic country—like Palestine, like every
Promised Land.
Christopher Isherwood.[104]

Como se ha mencionado en los capítulos anteriores, es probablemente el contexto post-heroico marcado por la dualidad estadounidense y la corrupta sumisión de los gobiernos hispanoamericanos que convierte al latino en un ser desprovisto de cualidades extraordinarias, ya que a pesar de que su itinerario de vida posee elementos de lo que desde el período clásico podrían ser atribuidos al héroe que inicia un viaje en búsqueda de la tierra prometida, su peregrinación hacia lo hostil y desconocido, sus aventuras y tribulaciones no lo transforman en un verdadero experto del mundo, sino que reafirman su condición de víctima subordinada.

---

[104] Véase Christopher Isherwood, "California is a tragic country", *American Culture: An Anthology*, Routledge, 2008, p. 201.

Efectivamente, aunque los anti-héroes de *Crisis* reco-
rren desiertos, encuentran una sociedad desconocida, com-
baten contra los "monstruos" de los abusos laborales y las
leyes inhumanas, su viaje no constituye un itinerario cog-
noscitivo, puesto que desemboca en el desconocimiento
de la individualidad y la asimilación a la gran máscara del
"latino".

Si bien muchos de los personajes majfudianos podrían
ser considerados como derivados contemporáneos de Ulises, arquetipo del individuo que debe errar por el mar y la
tierra en una peregrinación que parece un castigo, en estos
no hay ninguna exaltación del ser. De hecho, si analizamos
el trayecto del migrante latinoamericano de *Crisis*, especí-
ficamente del ilegal, veremos que, al igual que el itinerario
de Ulises, está marcado por la persecución, pero a perse-
guirlo no es Neptuno, sino las instituciones hegemónicas.

VIVIENDO EL PAPEL DEL DESAFORTUNADO

Las dificultades de los migrantes de *Crisis* no son prue-
bas que le permiten confirmar su propia dignidad, inteligencia o capacidad para superar los obstáculos, son
simplemente evidencias de un determinismo mundial que
los convierte en los desafortunados Ulises post-heroicos. Si
los *Bildungsroman* se preguntaban cómo el individuo
puede desarrollar su propia personalidad insertándose en
un mundo que le es ajeno[105], en la obra de Majfud se cons-
tata que la relación entre el inmigrante y la tierra anfitriona conduce a la impersonalidad del primero.[106]

> Y te sentirás nadie y te sentirás todos, y te llamarás Ernesto
> o Guadalupe, José María o María José, y serás un poco de
> cada uno y serás el mismo que come ahora en un *Chili's*
> en Nevada y en un *On the Border* en Georgia, y tendrás los
> mismos sueños por el mismo precio y los mismos miedos
> por el mismo estatus legal, y las mismas ideas por la
> misma educación. Y serás un expulsado de tu país y un
> perseguido en este, si eras pobre. O no te perseguirán y

---

[105] Véase Jeffrey L. Sammons, "The Bildungsroman for Nonspe-
cialists", *Reflection and Action: Essays on the Bildungsroman*, Columbia, University of South Carolina Press, 1991, pp. 26-45.
[106] Véase 2.2. y 3.4.

serás un exiliado con algunos privilegios si llegaste a un
título universitario antes de venir. Pero siempre serás un
golpeado, un resentido por la peor suerte de tus hermanos
y hermanas que no conoces. Esos hermanos a los que te
unen tantas cosas y a veces solo un idioma. Y de cualquier
forma sufrirás por ser un outsider que ha aprendido a dis-
frutar de esa forma de ser nadie.[107]

Llámese Ernesto, José, Guadalupe, María José, Susana,
etcétera, el microcosmos de *Crisis* representa al antihéroe
de la transmigración latinoamericana, descendiente desafortunado de Ulises[108] y figura antitética de Eneas[109], pues
al llegar a su destino entenderá que el difícil viaje para alcanzar su meta fue solo el inicio de una serie de privaciones, que rara vez le conducirán a la total integración social.

Es que aunque el mito de Eneas y los fugitivos troyanos
también describe la historia de un sufrido éxodo y una difícil lucha por la integración, su final es muy diferente al
que le espera a la mayor parte de los miembros del
miserabile vulgus latinoamericano[110], cuya llegada a Estados
Unidos tiene lugar cuando el imperio ya ha creado sus

---

[107] *Crisis*, 14.

[108] Tony Robinson y Richard Curtis, *Odysseus: the greatest hero of
them all*. Canelo, 2016.

[109] Nicholas Horsfall, *The Epic Distilled: Studies in the Composition
of the Aeneid*, Oxford, Oxford University Press, 2016.

[110] Retomo la expresión "miserabile vulgus" usada en *La Eneida*
para referirse a los troyanos.

mitos fundadores basados en una identidad anglosajona-
protestante que trata de hacer desaparecer el usurpado pasado hispánico- católico, que por herencia postcolonial el
migrante hispanoamericano representa. La identidad estadounidense, el mito de la nación protestante, protectora y
providencial, ha asumido una estabilidad que no deja espacio para el hispano, a pesar de que los topónimos de muchas localidades estadounidenses reivindiquen su pasado,
como lo recuerda Jorge Majfud por medio de los lugares
en los que se desarrolla *Crisis*[111].

---

[111] En *Crisis* Majfud trata de recordar que muchos de los territorios estadounidenses fueron mexicanos. De hecho, la mayor
parte de los lugares en los que se desarrolla esta novela mosaico
son pueblos que tienen nombres españoles. Reivindicar el pasado hispano en ciertos territorios que actualmente forman parte
de los Estados Unidos es una constante en la escritura de Majfud.
Incluso en su "Carta abierta a Donald Trump" el escritor uruguayo le recuerda al magnate que "por siglos, mucho antes que
sus abuelos llegaran de Alemania y tuviesen un gran éxito en el
negocio de los hoteles y los prostíbulos en Nueva York, mucho
antes que su madre llegara de Escocia, los mexicanos tenían aquí
sus familias y ya habían dado nombre a todos los estados del
Oeste, ríos, valles, montañas y ciudades. La arquitectura californiana y el *cowboy* texano, símbolo del *auténtico americano* no son
otra cosa que el resultado de la hibridez, como todo, de la nueva
cultura anglosajona con la largamente establecida cultura mexicana. ¿Se imagina usted a uno de los padres fundadores encontrándose un *cowboy* en el camino?".

"América Latina no empieza después del Río Bravo, sino dentro de Estados Unidos. Hay muchos estados que son típicamente latinoamericanos. La cultura hispana ha estado ahí mucho antes que la cultura anglosajona. La primera ciudad en Estados Unidos fue española, San Agustín, en Florida. El primer idioma europeo que se habló en lo que hoy es Estados Unidos fue el español, no es una lengua extranjera entonces".[112]

Sin lugar a dudas, la imagen del "latino migrante" podría aproximarse mucho más al arquetipo del judío errante que al de los héroes de la mitología grecolatina, pues se asimila a la imagen del hombre denigrado, que está destinado a vagar hasta la eternidad, tratando de echar raíces en sociedades y culturas que supuestamente no le pertenecen. Como se ha visto en el capítulo anterior, el ser latino constituye *per se* una grave culpa en la sociedad anglosajona, un tipo de mancha que debe ser modificada o eliminada.[113]

Si el estadounidense protestante ha sido predestinado para redimir y gobernar, el latino ha sido condenado a ser el personaje secundario de la sociedad, el representante de la pobreza y de la marginación. A veces su destino está marcado por una rebeldía que viene aplacada, a veces por un

---

[112] Eugenia Flores Soria, *óp. cit.*
[113] Véase 3.2.

servilismo conformista que lo convierte en un arquetipo social de pobreza y fracaso.

UN DECESO QUE EXTERIORIZA LA NATURALEZA FUNESTA DE LA MIGRACIÓN

Desde sus primeras páginas *Crisis* deja en claro que gran parte de la obra estará consagrada al éxodo latinoamericano, cuya tierra prometida está supuestamente representada por los Estados Unidos. La primera migrante de esta novela mosaico es María Isabel Vázquez Jiménez, quien decide dejar la erosionada tierra de San Sebastián de la Nopalera para ir a realizar los trabajos para los que están destinados los oaxaqueños en la "tierra del tío Sam".[114]

> *Como en una guerra entre dos países, cada año cien o doscientos migrantes vuelven a Oaxaca en cofres funerarios. Los trabajos para los cuales están destinados son casi tan mortales como el cruce de la frontera.*[115]

Así como lo anuncia este fragmento, María Isabel también volvió a Oaxaca en un ataúd. La mató el sol de las

---

[114] Para conocer mayores detalles sobre la diáspora oaxaqueña, consúltese Leah Karin Vanwey, Catherine M. Tucker y Eileen Diaz mcconnell, "Community organization, migration, and remittances in Oaxaca", *Latin American Research Review*, 2005, vol. 40, no 1, pp. 83-107.

[115] *Crisis*, p. 7.

plantaciones, la exposición excesiva a los rayos solares, el trabajo forzado. Majfud deconstruye esta muerte, para encontrar una explicación racional, lógica e incluso científica al sacrificio humano de todas las María Isabel que constantemente mueren por los abusos laborales que conlleva la fragilidad del estatuto de indocumentados. Indudablemente, su fallecimiento no trae consigo solamente el dolor de la pena familiar, sino la deuda por los funerales y por las obligaciones que la difunta aún tenía con el coyote de turno.

> *El miércoles 27 de mayo de 2009, el cuerpo de María salió de la iglesia católica de St. Anne de Lodi, California. El viernes 29 pasó por Asunción Nochixtlán en un ataúd blanco y, después de seis horas de camino, llegó a su pueblo en la sierra. Su humilde dormitorio fue la capilla ardiente. En la cabecera pusieron esa foto que se la ve sonriendo, poco antes de partir. Más abajo, la corona de flores y una nueva deuda para la madre.*[116]

La lectura de *Crisis* nos sugiere que la explicación o significado de estas muertes podría ser la trágica afirmación de la negativa de que los migrantes latinoamericanos puedan ser integrados como ciudadanos propiamente dichos en tierras extranjeras. La muerte triunfa sobre la vida en el primer personaje que aparece en *Crisis*, preparando al lector para una serie de historias que reflejarán una migración

---

[116] *Ibidem*, p. 9.

conflictiva. El deceso de María es totalmente explicable y permite advertir que la obra tratará sobre las explotaciones, los sufrimientos y las incertidumbres que los migrantes sufrirán, aún más porque su migración tiene lugar en un período de crisis.

.

La conmemoración del sufrimiento migrante ilegal

Haciendo de la obra un patrimonio testimonial de las brutales peripecias sufridas por la mayor parte de los migrantes que se encuentran en Estados Unidos, *Crisis* logra adoptar el aspecto de una transcripción de relatos orales, englobando una retórica de la conmemoración del sufrimiento vivido por quienes atraviesan la frontera que divide al mundo entre centro y periferia. La obra revive los traumas y desafíos de personajes que dan una voz a aquellos que en la realidad viven una constante negación de su identidad porque legalmente son inexistentes.

En otras palabras, *Crisis* es una lucha contra el silencio que marca la realidad del migrante latinoamericano, una representación de las terribles vicisitudes que tienden a eludir las apremiantes interrogaciones sobre la naturaleza histórica y política de la migración, la realidad de los riesgos psicológicos y físicos del ir más allá de las fronteras, las consecuencias de las deportaciones, etcétera.

De esta manera, la novela se ofrece como un vehículo de comunicación entre aquellos que han experimentado la diáspora latinoamericana y se encuentran frente a la indiferencia u hostilidad del país que los hospeda. Los latinoamericanos, prófugos de sus respectivas economías, no buscan necesariamente hacer de Estados Unidos una nueva patria, pues muchos están conscientes de que casi nunca lo consiguen, como puede observarse el caso de Nacho y Lupita, personajes cuya historia de amor nace en un contexto pobre y marginal que les obliga a probar la migración ilegal.

> Por entonces no te negaban la visa como ahora. Además Lupita tenía título de traductora, aunque en los dos años que vivimos juntos en la villa hizo dos y solo le pagaron una porque tuve que ir yo en persona a meter la pesada. Y después que nos robaron la tele y las ollas de teflón que nos había regalado la hermana de Lupita, y que por suerte no estábamos en la casucha ese sábado, le dije que en febrero yo me iba. [...] Pensaba que de no haber sido más infeliz con su padre nunca la hubiese sacado de su casa. Por lo menos allí tenían cielorraso y el perro del vecino ni faltaba el pan y la pasta los domingos y los cuentos tristes del tano viejo [...][117]

El episodio de Nacho y de Lupe exterioriza claramente la manera cómo la crisis que produjo desempleo en Estados Unidos fue verdaderamente aciaga para los migrantes ilegales, quienes desempeñan un papel pasivo en la sociedad estadounidense, pues ni siquiera tienen derecho a recibir las prestaciones y las ayudas de desempleo, por tanto que su condición migratoria les niega la facultad de pedir o quejarse.

> Para mí al principio eso fue el paraíso [...] ella tenía tantas esperanzas y le daba con eso del hijo [...] Entonces yo exageraba todo lo bueno de aquí o no contaba que un día me

---

[117] *Ibidem*, p. 34.

había cruzado con una mara, una patota como le dicen allá, y había tenido que entregar toda la plata de la semana. No abras la boca, me decía un panameño amigo. Te confunden con un americano por el pelo y los ojos, pero apenas dices algo y ya te adivinan que eres ilegal y que cobras cash y te siguen y te dejan sin un dólar, en el mejor de los casos.[118]

Aunque inicialmente Nacho sí piensa haber encontrado la tierra prometida e incluso hace viajar a Lupita, a medida que avanza la narración comienza la degradación de ambos hasta que se convierten en prisioneros de su irregularidad. Los intentos para salir de la pobreza del país natal les han conducido a rebajarse aún más, pues ahora su degradación es social, legal y posiblemente moral. De hecho, Lupita termina auto sacrificándose en un momento sublime que al mismo tiempo representa un acto sin trascendencia, como todos los vividos por los migrantes sin documentos.

En la calle literalmente, porque teníamos que esperar en una esquina de madrugada porque allí levantaban trabajadores sin papeles […] el tipo de lentes oscuros a esa hora del día no me inspiró mucha confianza. Tenía chamba para domésticas en casa de una familia con plata, decía, pero atrás yo no veía a ninguna otra mujer. Lupita, más pálida que de costumbre y con los labios temblando me dijo que no podíamos escapar otra porque no íbamos a tener para comer.

---

[118] *Ibidem*, p. 35.

Yo no dije nada pero ella terminó subiendo atrás seguro que contra su propia voluntad. Y cuando arrancó la camioneta ella me hizo así con su manita y me tiró un beso triste. Yo sabía que iba llorando porque la conozco. Yo sabía que eso no iba a funcionar ni esta puta vida iba a funcionar.[119]

De ahí que, como señala el propio Jorge Majfud, a pesar de que las historias de los ilegales tienen muchos puntos en común con el popular personaje que protagoniza *El fugitivo*, quien vive de pequeños trabajos y cambia constantemente de lugar; en el imaginario colectivo estadounidense el migrante latinoamericano sin documentos encarna la irregularidad, mientras que su similar ficticio, el médico Krimble, representa una denuncia a la debilidad del sistema judicial, exteriorizando otra de las paradojas de la sociedad contemporánea: el ser humano se solidariza más con la ficción que con la realidad.

Kimble debe realizar múltiples oficios, siempre ocultando su verdadera identidad, siempre escondiéndose de la policía. Es la exacta reproducción del inmigrante ilegal. Pero esta expresión de deseo colectivo la fuga, encarnada en un doctor bondadoso, injustamente sospechoso de un crimen, no tiene por objetivo el consumo ni la producción sino todo lo contrario. Es la exaltación de la frugalidad de los 60 y de la

---

[119] *Ibidem*, p. 37.

libertad al mismo tiempo, aunque en una situación real significaría todo lo contrario.[120]

El migrante ilegal está condenado a la vida errante como si fuese el Richard Krimble,[121] el Robert Bruce Banner[122] o inclusive el Jean Valjean de la globalización[123]. Se trata de un ser que permanece en una tierra extranjera sin tener el derecho de hacerlo, huyendo de la opresión económica para terminar convirtiéndose en un fugitivo, o peor aún en un post-heroico "Nadie", que no puede tener un encuentro con el otro que no sea aquel basado en la adhesión a los grupos formados por quienes comparten su mismo estigma de indocumentados.

> Y yo y la Lupita allí en medio de puros hombres que por suerte no se portaban mal con nosotros, sino todo lo contrario, pero la verdad que yo siempre andaba con el Jesús en la boca y mirando para todos lados a ver quién iba a meterse con la Lupita…[124]

---

[120] *Ibidem*, p. 120.

[121] David Pierson, *The Fugitive*, Detroit, Wayne State University Press, 2011, pp. 23-45.

[122] Jennifer Mendoza Sayers, "The Incredible Hulk and Emotional Literacy", *Using Superheroes in Counseling and Play Therapy*, 2006, p. 89.

[123] Doreen Klahold, *Les Misérables de Victor Hugo*, Paris, Grin Verlag, 2008, pp.45-65.

[124] *Crisis*, p. 36.

Es así que *Crisis* expresa que la situación para los indocumentados es verdaderamente espinosa en tiempos de crisis[125]. Para un ilegal no hay manera de vivir la recesión con dignidad, la falta de papeles es una condena a la marginalidad, pues lo hace invisible en época de auge y perseguido en tiempos de recesión. Este constituye la casta vulnerable explotada por los empleadores, sin acceso a los servicios sanitarios, víctima de la micro-criminalidad debido a que no puede buscar el servicio de las autoridades por temor a ser descubierto en su estado ilegítimo y sufrir la expulsión.

A partir de lo expuesto, Majfud insiste en el hecho de que el hispanoamericano que cruza las fronteras clandestinamente, debe tener en cuenta que si por una parte el pragmatismo global pregona el derecho humano a la movilidad, por otra, el "benévolo" sistema que se preocupa por todos, incluso por los animales, no puede tomar en cuenta a los indocumentados. El migrante clandestino carece de la protección su país, de Estados Unidos y de la legislación internacional.

---

[125] Para mayor información sobre las cuestiones relacionadas con los abusos que sufren los ilegales véase el estudio compartivo de Tine Ustad Figenschou y Kjersti Thorbjørnsrud, "Faces of an Invisible Population Human Interest Framing of Irregular Immigration News in the United States, France, and Norway", *American Behavioral Scientist*, 2015, vol. 59, no 7, pp. 783-801.

Me preocupan las leyes que respetan mejor los derechos de los perros a una vida digna que a la familia de un inmigrante a ser tratados, si no como seres humanos al menos como esos perros. Me preocupa y me importa mucho más la mano de un tirano firmando una guerra, los pies de un fanático subiendo al cielo. Sospecho que Dios, la Virgen y sus servidores podrían estar de acuerdo conmigo. Al menos en esto. Claro, eso sólo lo sabrán ellos. No lo sé ni yo, ni los fanáticos que suben nerviosos a sus cielos privados en escaleras de muertos, siempre tan seguros de lo que dicen y de lo que hacen.[126]

Agregando a lo anterior, *Crisis* demuestra que el migrante ilegal está condenado a vivir en el secreto, bajo la sombra. Su clandestinidad es una marca, un estigma, un tipo de palabra clave utilizada en el campo político y legal para apoyar una retórica xenófoba que cada vez obtiene más adeptos en Estados Unidos. Como resultado de esto, la ecuación inmigrante/clandestino/criminal se está convirtiendo en un elemento dominante del imaginario colectivo estadounidense.

---

[126] *Crisis*, p. 116.

Entre la crisis del subprime y el peonaje global

Es importante resaltar que *Crisis* no alude solamente al papel de víctima que asumen los indocumentados en el período de crisis, sino que también menciona las secuelas de la recesión en aquellos latinoamericanos legales que supuestamente formaban parte del *welfare* ciudadano, mas terminaron perdiendo sus empleos y bienes, cayendo en la pobreza. Aunque estos ciudadanos reciben una cierta protección gubernamental, es evidente que forman parte de los grupos sociales más vulnerables de los estamentos estadounidenses.[127]

El caso de Lucy y Ricardo recrea verosímilmente la situación de muchos latinoamericanos que perdieron sus propiedades porque fueron perjudicados por la crisis *subprime*, la cual dejó al descubierto una larga tradición económica de discriminación en el acceso vivienda en Estados Unidos, donde los integrantes de las nacionalidades "subalternas" se involucraron en hipotecas depredadoras que terminaron por dejarlos en la calle.

---

[127] Para mayor información véase Jacob S. Rugh, "Double jeopardy: Why Latinos were hit hardest by the US foreclosure crisis", *Social Forces*, 2015, vol. 93, no 3, pp. 1139-1184.

En pocas semanas se levantó el tendal de carpas de Sacra-
mentillo y nos vinimos con Ricardo con la promesa […] de
que era por pocos días hasta que Obama sacara a los deudo-
res de los *foreclosures* y nos devolvieran la casa de Santa Bár-
bara que tanto nos había costado. Ricardo decía que no nos
había costado mucho porque no habíamos pagado ni el tres
por ciento […] nos vendieron un plan que podríamos pagar
con el sueldo de Ricardo. Pero como subieron las cuotas
como locos y no pudimos pagar unos mesitos, nos manda-
ron con perro y todo afuera…[128]

Es evidente que Ricardo y Lucy se encontraron en una
situación de indigencia debido a las hipotecas demoledo-
ras que apuntaron premeditadamente contra los afro-esta-
dounidenses y los latinos, mientras supuestamente les
ofrecían la posibilidad de formar parte del "sueño americano". De esta manera Majfud señala que la crisis del 2008
puso en relieve la gran brecha económica que existe entre
los latinos "legales" y los angloamericanos. Adicionalmente, el texto parece exteriorizar que el profesional latino
siempre desempeña el papel activo de "la persona dependiente", tanto de manera explícita como de manera sutil,
pues su libertad de movimiento se basa exclusivamente en
la subordinación laboral.

Y para él el despido sería la pérdida del estatus legal, la
expulsión del país, el regreso a aquella tierra de Jeanette

---

[128] *Crisis*, p. 122.

que ya no existe. Lo que es mil veces peor que hacer esas mil veces malditas y buenas para nada gráficas, que no sirven para adelantar el trabajo de las cañerías ni sirve para recoger una estadística que sirva en la próxima obra sino sólo para tener a sus empleados bajo control. Control, control, hasta cuando es hora de soñar.[129]

En otras palabras, puede afirmarse que *Crisis* demuestra que el profesional latinoamericano integra la masa del peonaje de la globalización, en el cual tanto el sistema profesional como el régimen de la propiedad obedecen a las relaciones de clases estadounidenses que asignan al latinoamericano el papel del sometimiento económico. Sin importar el salario que reciba, el lugar en el que viva, el migrante latinoamericano no es independiente, pues forma parte de la espiral interminable de la globalización, que le otorga el papel del sumiso, del individuo acorralado y controlado.

Es seguramente este sentimiento de dependencia que hace que, sin adjudicarse dimensiones mítico-fabulosas, en *Crisis* el éxodo de los latinoamericanos asuma, en cierto modo, ecos del éxodo bíblico o de una odisea. Las lejanas tierras de proveniencia, por ejemplo, se transfiguran, en el imaginario de los personajes, en un tipo de paraíso perdido, escenario de una infancia o adolescencia arcaica y feliz, pero a estos recuerdos, a esta nostalgia, se contraponen

---

[129] *Ibídem*, p. 43.

el miedo de un regreso a una tierra que en la realidad significa privaciones y devastaciones.[130]

> Y solo tendrás una patria segura pero será intangible como
> el viento. Tendrás solo una patria, un refugio hecho de
> memorias fantásticas sobre las profundas raíces del caste-
> llano y sobre las movedizas arenas de otras costumbres.[131]

Efectivamente, la nostalgia del origen que experimentan varios personajes de *Crisis* constituye un mecanismo de
rechazo a la segregación del lugar en el que se encuentran
y una sensación utópica de pertenecer a algo. De ahí que
la patria resurge en la mente de los personajes de *Crisis*
como algo distante que gira en torno a recuerdos idealiza-
dos, incluso aquellos que corresponden a los periodos más
difíciles de la historia de sus respectivos países.

> El odiado reinado de los Somoza que ahora Ernesto recor-
> daba con tanta nostalgia, con una incomprensible nostal-
> gia de tiempos idos que le hizo olvidar por un tiempo que
> cualquier día no podría pagar más los billetes ni la renta,
> que la migra lo esperaría de regreso a casa para arrestarlo
> y deportarlo a esos lugares de Nicaragua que ya no existen
> como existe allí, en el bazar mágico del Hispano Mercado

---

[130] *Ibídem*, p. 36.
[131] *Ibídem*, p. 14.

[…] en un tiempo que ya fue, que ya está resuelto, que no existe.[132]

La nostalgia de los personajes de *Crisis* los conduce a recordar un pasado inventado, embellecido, que encierra una ilusión proyectada hacia atrás y que permite exteriorizar la clara insatisfacción de los inmigrante debido al triste presente que experimentan en una tierra extranjera que los induce a cultivar una memoria compuesta por recuerdos ficticios de una patria idealizada.

---

[132] *Ibídem*, p. 74.

EL *NOSTOS* Y SEPARACIÓN FAMILIAR

Es indiscutible que Jorge Majfud describe el drama del éxodo latinoamericano bajo la luz de una catástrofe antropológica. Ningún valor, ninguna certidumbre pueden proponer una verdadera solución al abismo post-heroico descrito por el uruguayo. *Crisis* expresa que la dignidad humana de los migrantes es humillada en nombre de códigos de primacía y acatamiento. Esto puede advertirse ampliamente en lo que respecta al tema de las expulsiones que son representadas en la novela para romper el silencio post-traumático que los hijos de los deportados presentan.

Efectivamente, en *Crisis* el *nostos*[133] no simboliza una reconciliación del migrante con su pasado. El viaje de regreso, forzado por la deportación, es visto como el emblema del fracaso, inscrito en la memoria de muchos de sus personajes y constituye una cicatriz permanente, sea de quien lo ha vivido directamente, sea de los familiares que han sido víctimas de la separación. Majfud revive el trauma de una generación de estadounidenses cuyos padres ilegales son perseguidos por las sombras de la Policía de Migración. Este dolor puede percibirse claramente en la expe-

---

[133] Yannis Kiourtsakis, *Patrie, exil, nostos*, Paris, Sens Public, 2012, pp.58-96.

riencia de una de las Guadalupe,[134] cuya desventura hace que el lector reflexione sobre el hecho de que el clandestino vive con la constante amenaza de la deportación, al mismo tiempo que sus familiares corren el peligro de terminar en hogares de crianza o siendo educados por allegados a la familia que no están preparados para hacerse cargo de los menores.

> Yo lo único que pensaba era en Maicol, mi chiquito, que si me llevaban no iba a poder darle su besito de todas las mañanas cuando lo dejaba con Florita. Y Florita, pobre niña, qué iba a hacer para alimentarse ella y darle de comer al Maicol. Le dije a la policía que tenía dos niños que cuidar, que fueran buenos y me dejaran ir y las otras protestaron que todas tenían hijas y tenían hijos y algunas también tenían maridos y casas que se iban a quedar sin nada, así que me callé y me puse a llorar como una tonta.[135]

---

[134] Con respecto a "las Guadalupe", Jorge Majfud afirma: "Las Guadalupe, en cambio, eran el prototipo de la muchacha crédula, dócil y sufriente, con su propio heroísmo estoico y esperanzado". Véase José Sarzi Amade y Leonor Taiano Campoverde, óp. cit.

[134] La violación a las mujeres que cruzan la frontera es un hecho habitual. Véase Ofelia Woo Morales, "Abuso y violencia a las mujeres migrantes", *Violencia contra la mujer en México*, México, Comisión nacional de los derechos humano, 2004, p. 71

[135] *Crisis*, p. 76.

La ausencia de documentos conduce a la separación forzosa de Guadalupe y sus dos hijos. Por medio de este personaje *Crisis* representa un problema común del cotidiano de los migrantes indocumentados en Estados Unidos: la dispersión familiar debido a la deportación. El drama de Guadalupe es otra de las paradojas del sistema hegemónico, pues de una parte la sociedad estadounidense habla de ayudar a los latinos enviándoles asistentes sociales como Margaret para inculcarlos a "educar sin violencia" y por la otra produce la violenta división de las familias, lo que provoca no solo impotencia y frustración, sino que genera una serie de conflictos emocionales que conducen a la desadaptación de los niños que se han visto alejados de sus progenitores.[136]

> Pobrecito el machito, se ligó muchas veces una que otra y otra encima, que si no la hubiesen deportado a la Guadalupe no hubiese pasado. La María dice que el Maicol salió así, medio ciego y con falta de atención en la escuela por todos los palos que yo le di en la cabeza. Pero no es así [...] Le di una piña, es cierto, lo reconozco, le salió sangre de la naricita y en lugar de dejar de llorar, lloraba más. Así que arriba de la piña le di contra la pared.[137]

---

[136] Clara Aisenstein, "Inmigración y salud mental materno-infantil", *Perinatal Reprod Human*, 2001, vol. 15, pp. 42-51.
[137] *Crisis*, p. 139.

Como se puede advertir en el fragmento apenas citado, *Crisis* también reconstruye las experiencias vividas por los niños latinos que se han visto privados de sus madres. Estos son las víctimas de la voluntad de los extraños, las presas de los hogares de crianza, condenados al ultraje perpetuo. Con estos casos Jorge Majfud documenta una tragedia habitual en el cotidiano de los hispanos en USA, la cual porta a la deshumanización no solo de quien ejerce el papel de verdugo de los ilegales, sino también de los hijos de los deportados, quienes en gran parte de los casos son ciudadanos estadounidenses.

Tomando en cuenta lo apenas expuesto, es innegable que en *Crisis* el autor se ha propuesto reivindicar y reconstruir la geografía del éxodo y del retorno (el último por medio de la expulsión de varios de los personajes de la obra). Jorge Majfud contextualiza ambas experiencias para cimentar la memoria del migrante, que, según se da a entender en la novela, conlleva incluso la transmisión traumática de padres a hijos, cuyo comportamiento varía entre la incredulidad y la apatía, como bien puede observar en este fragmento.

Cuando golpearon la puerta y *my daddy* volvió para atrás diciendo en voz baja y preocupada que era la migra, mamá soltó un gritito de espanto que se ahogó entre las dos manitas apretadas en su cara. *Daddy* quiso esconderla pero ella no quiso para que no lo metieran *in jail* por mentiroso. *So* que abrieron la puerta y estuvieron hablando muy bajito pero uno se escuchaba duro. Se escuchaban puertas de *closets*, gente que entraba y *sa'ia* al baño y a la cocina. Después los ruidos y las sombras no se escucharon más y yo pensé que todo había pasado. Después de un ratico se escuchaba que decían ok, muchos ok, y mamá volvió para atrás a mi cuarto para darme un beso y nunca más la vi. Ella sonreía pero *now* yo sé que no quería sonreír y no más sonreía para que yo la recuerde así como siempre la recuerdo.

> *So dear teacher* si tu quiere una composission en español de tres cien palabras sobre *my* país tendrá tu que poner me una D o si quiere una F porque ahorita no se me ocurre nada más que eso.[138]

En pocas palabras, por medio de la subjetividad característica de las relaciones entre padres e hijos, *Crisis* no solo describe la deportación de los latinoamericanos indocumentados, sino la manera cómo es percibida por los hijos de estos, quienes en la mayor parte de los casos son ciudadanos estadounidenses. Majfud muestra que los descendientes de los expulsados presentan un comportamiento que exterioriza su perplejidad al ver que sus padres son tratados como delincuentes por un sistema que no funciona y que apoca a quienes simplemente tratan de sobrevivir. Las leyes que separan a las familias, atentando contra los

---

[138] *Ibídem*, p. 117.

derechos humanos, se han convertido en la base para una serie de desamparos que ocurren cotidianamente por la falta de coordinación entre las políticas de inmigración y los servicios sociales,[139] induciendo a que los ciudadanos estadounidenses hijos de indocumentados sean víctimas de la crisis del sistema, como lo denuncia patentemente *Crisis.*[140]

---

[139] Véase Guillermo Yrizar Barbosa y Rafael Alarcón, "Mexican families with mixed immigration status and massive deportation from the United States", *REMHU: Revista Interdisciplinar da Mobilidade Humana*, 2015, vol. 23, no 45, pp. 77-92.

[140] Véase 3.2.

EL COYOTE: CONDUCIENDO UN PUEBLO EN EL ÉXODO DE LA SUBORDI-NACIÓN

Por medio de las historias de los migrantes, *Crisis* recuerda que el cruce de la frontera mexicano-estadounidense no está marcado por la caída del maná del cielo mientras atraviesan el desierto, los latinoamericanos no encuentran una tierra de leche y miel, el Río Bravo no se abre como sucedió con el Mar Rojo, no hay señales magnánimas que indiquen que los latinos son un pueblo escogido. El Dios del pueblo hispánico no los conduce hacia el triunfo o la liberación, sino que los lleva hacia la persecución legal. De hecho, el único apoyo que los latinos encuentran son las botellas de agua dejadas por los grupos de ayuda a los inmigrantes.

> El sábado 3 a la tarde tropezó con una botella de agua caliente, de esas que los perros hermanos tiran sobre el desierto a la espera de salvar algún que otro moribundo.
> El domingo se durmió muy despacio con la esperanza de no despertar al día siguiente. Pero despertó [...]. Enseguida sintió el temprano rigor del sol, otra vez en su lento trabajo de chupar de su piel y de su carne y de su cerebro el agua que le había ganado a la suerte del día anterior.[141]

---

[141] *Crisis*, p. 11.

De manera similar al éxodo del pueblo judío que contó con la presencia de su liberador Moisés, quien los ayudó a escapar de la tiranía de los egipcios y se afirmó como su primer legislador, o de la huida troyana guiada por Eneas, héroe predestinado a garantizar la continuidad de un pueblo, la migración latinoamericana también está, en su gran mayoría, marcada por la presencia de alguien que les permite atravesar desiertos y mares. Esta guía es precisamente el coyote, pero al contrario de Moisés, quien trae consigo la imagen del legislador y del libertador, o de Eneas, quien representa la conquista por medio de la lucha, este "tramitador" de los latinoamericanos no los conduce hacia la liberación, sino que los lleva hacia la clandestinidad y a la explotación laboral (cuando logran encontrar trabajo), como bien señala Majfud en la entrevista que nos concedió para *Mito-Revista Cultural*.

El coyote es un traficante de seres humanos, parte del negocio que los poderosos y sus mandos medios hacen con los pobres. Su función es venderle un sueño de escape, más que de libertad, a los desplazados por la violencia política, civil o económica de sus países. También cumplen la función de proveer de mano de obra barata a los empresarios norteamericanos. Estoy trabajando una novela que toca esas realidades.[142]

Oponiéndose al comportamiento del libertador de los hebreos y al héroe de los troyanos, el coyote no es solidario

---

[142] José Sarzi y Leonor Taiano en *óp. cit.*

con la gente de su pueblo que sufre de pobreza y opresión. De hecho, este busca solamente lucrarse a través del viaje de sus paisanos, representando una versión degenerada de la figura del libertador de un pueblo. El coyote no encarna un instrumento divino que trae la salvación de sus "hermanos latinoamericanos", es simplemente una pieza que forma parte de un grande *corpus* de corrupción.

> En lo que iba de la temporada, se había ocupado de diecinueve mexicanos, ocho hondureños, cinco salvadoreños, dos colombianos y alguno de más al sur, un chiflado chileno o argentino en busca de emociones. Casi todos chaparros de espaldas anchas y cabezas cuadradas y bocas de piedra. Pocas palabras y mucha hambre y desconfianza. Les había dado de comer y un día.[143]

Por consiguiente, la aparición de este personaje en *Crisis* presagia padecimiento o una preparación a la desgracia posterior. Efectivamente, el coyote representa la violación, la incertidumbre y el refuerzo de la marginalidad, pues forma parte de la cadena de individuos que pueden abusar de los desheredados de la globalización como bien lo ejemplifica *Crisis* con el caso de la primera Guadalupe que aparece en la novela.

Guadalupe de Blanco es presentada como una mujer joven y blanca que atraviesa el desierto. Aunque ya ha

---

[143] *Crisis*, p. 12.

pasado la frontera, su tierra "prometida" aún está lejos y probablemente nunca la verá. Lupita siente las secuelas de una peregrinación fatigosa que en vez de llevarla a la libertad, la conducirá a la humillación. Efectivamente, la mexicana no es auxiliada por la intervención providencial de Dios, como los hebreos o troyanos durante su éxodo, sino por un coyote que terminará violándola.[144]

> Sus ojos se hincharon de lágrimas y espanto. Era joven la güerita y tenía labios blandos como la miel. Los ojos oscuros pero claros. ¿Cómo decirlo? La respiración agitada y sin arrugas. Como una respiración de placer pero ella no entendió así. Los inútiles grititos más suaves que irritantes. Por eso que se salvó, porque no soporto que al final no reconozcan un buen trabajo. Me había pasado tantas indias sin forma que no me iba a privar de ese angelito enviado por el cielo.[145]

Con la violación de Guadalupe de Blanco, la güerita, Majfud no deja entre renglones el hecho que muchas hispanoamericanas que llegan a Estados Unidos tienen que pagar una suerte de peaje corporal para alcanzar el

---

[144] La violación a las mujeres que cruzan la frontera es un hecho que lamentablemente sucede con frecuencia. Véase Ofelia Woo Morales, "Abuso y violencia a las mujeres migrantes", *Violencia contra la mujer en México*, México, Comisión nacional de los derechos humano, 2004, p. 71.

[145] *Crisis*, p. 12.

verdaderamente onírico ideal americano. Por consiguiente, la "crisis" humana que subsigue a la "crisis" económica se manifiesta fuertemente en el plano sexual por medio de maltratos y violencias. Si en las primeras páginas de la obra, la ya mencionada historia de María Isabel Vázquez Jiménez es una alusión a todos los hispanos que se endeudan para poder "ir al otro lado"[146], donde muchos terminan muriendo víctima de trabajos forzados, la Guadalupe güerita representa el riesgo sexual al que están expuestas las mujeres migrantes.

Sin embargo, *Crisis* no condena totalmente a este Moisés/Eneas "degenerado", ya que se trata de un episodio de violencia sexual en el que también se toma en cuenta la soledad a la que está expuesto el coyote y, en consecuencia, el por qué Guadalupe es una tentación. Jorge Majfud pone al lector delante de una situación incómoda, pues en el fondo ambos personajes son perjudicados por el sistema. Es así que *Crisis* no es un texto que nos induce a juzgar quién es bueno y quién es malo, sino que deja la puerta abierta a la reflexión del lector, ya que no se trata de una obra que se adecua al maniqueo conformismo moral, mas excava hasta las razones que llevan a una complicidad dolorosa entre el violador y la violada.

> Se fue moqueando la niña [...] Y la verdad que me arrepentí al poco rato. Esa niña necesitaba a alguien que la

---

[146] *Ibídem*, 7.

proteja y yo alguien como ella, una mariposa coquetenado entre las llamas de la lumbre, en vivo y en directo, y no acostarme todas las noches con su lindo recuerdo. Quién sabe si no tengo un hijo por ahí y no lo sé. O una hija.

Quién sabe si dentro de quince años no me cruce con ella, livianita como una pajarita, rubiecita y linda así como era Lupita.

Vida pobre la del coyote.[147]

Es evidente que esta complicidad entre ambos se basa en el hecho de que el coyote está delante de una urgencia sexual-afectiva y la muchacha busca asilo por una noche. Majfud trata de implicar al lector en la búsqueda de una *ratio*, a convertirse en el intérprete del abuso. En la descripción de la belleza de la muchacha nada hay que la figure como una *femme fatale*, de hecho su abusador la describe como un "angelito". El *raptus* del coyote, la *brevitas* y la concentración esencial de la violación son elementos esenciales para atribuir la responsabilidad del juicio y el deber de interpretación al lector.

---

[147] *Ibídem*, 12.

La teofanía del éxodo latinoamericano

En definitiva, es indiscutible que *Crisis* expresa que la diáspora de la comunidad latinoamericana se inscribe en la continuidad de un trágico éxodo marcado por la fatalidad y la desesperación, es la imagen de la derrota de todo un pueblo cuyo "Moisés" es un antihéroe que tampoco puede escapar a su condición de sometido. La imposibilidad de encontrar en Estados Unidos la tierra prometida es incuestionable desde el momento en el que los migrantes se encuentran con las limitaciones de la frontera y descubren que el contexto que les circunda es totalmente desfavorable.

De tal manera que los migrantes latinoamericanos están solos frente a su destino y a las adversidades tiránicas de un sistema del que pensaban escapar al pasar la frontera. Sus países de origen son económicamente lugares sin oportunidades, el desierto y el mar son suplicios inútiles, pues no los conducen hacia una tierra prometida. De hecho, el migrante latino difiere totalmente del peregrino que progresa mientras encuentra enemigos y adversidades a lo largo de su camino, su insidiosa peripecia simplemente confirma su estado de acatamiento, por tanto que no hay promesas de bendiciones y protecciones para ellos.

En otras palabras, *Crisis* exterioriza que en el éxodo latinoamericano no hay un panteón de dioses o un Yahveh que desempeñen el papel de aprobadores de la expatriación, no hay divinidades que declaren justa la empresa de los migrantes que llegan a tierras ya pobladas.[148] El coyote no ha sido llamado por Dios como Moisés, tampoco representa la *pietas* de Eneas. Este no ha sido predestinado para salvar un pueblo y conquistar un territorio, simplemente está allí para supuestamente obtener una utilidad.

Por esa razón resulta interesante analizar lo que se podría definir como la teofanía del éxodo latinoamericano en *Crisis*. En esta no hay ni zarzas ardientes ni revelaciones que ayuden a comprender mejor las manifestaciones divinas como sucede en las arquetípicas historias de Moisés y Eneas, quienes viajaban a la merced de las divinidades. Es que si bien el coyote, al contrario del héroe troyano y del liberador de los hebreos, sí conoce el lugar al que debe ir, su viaje es mucho más desafortunado que el de estos, pues no está destinado a salvaguardar una estirpe, sino que contribuye a someterla.

De hecho podría pensarse que las relaciones entre la realidad física y el plano teológico de *Crisis* también están marcados por un sentido trágico que se exterioriza con la devoción que los mexicanos, principalmente los narcotraficantes y los migrantes ilegales, tienen a lo que ellos llaman "la Santa Muerte",[149] imagen que representa la

---

[148] Luiz Alexandre, Solano Rossi, "Teofania para a liberdade", *Revista de Cultura Teológica*, no 38, pp. 9-45.

[149] Si bien *Crisis* menciona abiertamente el culto a la Santa Muerte, la obra no alude a la importante veneración que los mexicanos hacen a la Virgen de Guadalupe. Este aspecto podría ser

teofanía del migrante mexicano, marcada por experiencias terribles y por la eterna sensación de miedo.[150]

> La gente no entiende la bondad de la santa muertecita solo porque tiene ese aspecto de muerte con la calavera y todo eso pero nosotros la veneramos por todas las pruebas que nos ha sabido dar en los momentos más difíciles desde los días crudos de sol en Sinaloa y del polvo en Sonora hasta cuando cruzamos y nos vinimos no de mojados sino más bien de secos, de resecos, y nos encomendamos a ella todos los días en el desierto.[151]

En consecuencia, la Santa Muerte de los mexicanos simboliza, como lo fue en cierto modo el becerro de oro para los hebreos, un tipo de distorsión de la idea de la divinidad. En el imaginario de los adoradores de la "niña Blanca" no hay una solemne abstracción de la deidad como la que profesaba Moisés, pues su culto presenta

---

visto como una carencia de Majfud si no fuese por el hecho de que varios personajes de la obra se llaman Guadalupe o Lupita y encarnan a la mujer que necesita protección. Como se ha visto en este capítulo, las Guadalupe representan a la mujer supeditada, pasiva, simplista, que pocas veces se atreve a protestar. Para mayor información sobre el culto a la "Santa Muerte", véase Homero Aridjis. *La Santa Muerte*, México, Alfaguara, 2012, pp. 6-28.

[150] Véase el anexo número 4.

[151] *Crisis*, p. 40.

tintes de idolatría. De hecho, puede afirmarse que existe una contraposición entre la idea abstracta, irrepresentable y poderosa del Dios del éxodo judío y la tonalidad folklorística de la veneración a la Santa Muerte.

> Porque la Santa escuchó nuestras plegarias y se acordó de las ofrendas cuando la coronábamos con billetes de veinte y hasta cien dólares y le pusimos un Marlboro y otro cigarro más especial y hasta polvito del cielo en el huequito de la nariz que es lo que le agrada a la santa muertecita, y que fue según el compadre que sobrevivió conmigo, la ofrenda más valiosa que nos marcó un camino, pos que gracias a su poderosa intervención hoy podemos contar el cuento y ya no tenemos que andar escondiéndonos de la banda del Cacho ni de la del Chapo del Paso y nos dedicamos a cantar nuestros narcorridos que tienen tanto éxito en Texas y Nuevo México y Arizona y lo bailan los hermanos en Chicago [...] es como una madre protectora y no se cansa nunca de hacer milagros de veras como los que hizo con nosotros y pueden ustedes verlos ahorita.[152]

No obstante, es innegable que en la tradición mexicana, la "Santa Muerte" toma en cierta manera una connotación salvífica que permite la invisibilidad al pasar la frontera. Es la figura que encarna la sobrevivencia ante el caos y la ilegalidad. *Crisis* no toma parte ni a favor ni en contra de esta creencia, simplemente indica su presencia y

---

[152] *Ibídem*, p. 41.

su significado en la sociedad del riesgo. Efectivamente, la "Santa muerte" constituye una figura inconsistente, pues, no conduce verdaderamente a la tierra prometida o al país de Cucaña. Aunque existe una mitificación de su figura, esta no conlleva un verdadero trasfondo de liberación, no es la fuerza que hace eficaz la lucha de los oprimidos.

Adicionalmente, resulta indiscutible afirmar que la Santa Muerte refleja la profunda insatisfacción que domina la vida cotidiana de los personajes de la novela. La realidad estadounidense es muy diferente de aquella que ellos habían idealizado mientras corrían una serie de riesgos para atravesar las fronteras, pues los empleadores los explotan, la política estadounidense hace de ellos el chivo expiatorio y sus economías no perciben una verdadera transformación. El siglo XXI se ha confirmado como una época en la que se ven frustrados los utópicos deseos de integración del migrante en la *tierra del tío Sam*, pues incluso los discursos políticos hablan de lo que podría considerarse "la cuestión latina" que en cierto modo está despertando la animadversión de las masas hacia los migrantes, especialmente hacia aquellos que son ilegales.

En otras palabras, *Crisis* demuestra que el éxodo latinoamericano está marcado por el desengaño y la impotencia. El migrante latinoamericano, como todos los individuos de la era contemporánea, sabe que le será privada su estabilidad. Si la crisis de los personajes de inicios del 900 estaba marcada por la dialéctica realidad/ilusión[153], la del 2000 está caracterizada por la anulación de todo lo que es abstracto o ideal, probablemente por ello la teofanía del éxodo latinoamericano tiene ese carácter carnavalesco, es simplemente la manifestación desesperada de la desaparición del heroísmo.

---

[153] Esta dialéctica es tratada por Jorge Majfud en su novela *La reina de América*, Tenerife, Baile del sol, 2002.

UN INDIVIDUO QUE SE ANULA

En efecto, el migrante de *Crisis* no se afirma con el éxodo o con su *nostos*, simplemente se anula, mientras es descartado por los mecanismos de la sociedad hegemónica, los cuales están marcados por la absurdidad de leyes inhumanas y la crisis de las relaciones sociales. Los personajes de *Crisis* representan al *homo tragicus* por excelencia, cuya existencia es una absurda victimización por parte de un sistema que los persigue o explota en base a las conveniencias. El migrante, principalmente el ilegal, es un reflejo de la crisis económica y existencial de la globalización, pues forma parte de los descartados.

Probablemente la figura más antitética a la del ciborg es precisamente la del migrante latinoamericano, quien de manera similar al inepto sveviano, representa al hombre que ha perdido su tierra, sin lograr ganar un espacio en el lugar al cual ha migrado. Es que sus privaciones, riesgos y tribulaciones, lo hacen un antihéroe incapaz de adaptarse a una nueva era carente de emociones y de vida.

En *Crisis* se exfolia la imagen del migrante en la fase de decadencia de la globalización, por ello no hay ningún espacio para que logre el éxito a base de su fuerza de voluntad. El latinoamericano de *Crisis* es el inepto de la nueva era, víctima de su naturaleza humana en un proceso general de deshumanización, forma parte de los últimos ejemplares de una especie de debe extinguirse por su impericia para adaptarse a la época post-heroica.

Es por eso que me permito afirmar que Jorge Majfud no se limita a retratar la condición del migrante, sino que individua las raíces sociales de su vulnerabilidad y su impotencia delante de la globalización. Los migrantes de *Crisis* forman parte del conjunto de los "diversos" de la sociedad hegemónica estadounidense, su único valor radica precisamente en su "poco valor" ante los ojos de su "anfitrión". En su novela, Jorge Majfud ha logrado exteriorizar la manera cómo la crisis económica sea el reflejo de la impotencia social de aquellos que son condenados a una condición de inferioridad.

Peripecias de la fuga

Como se ha podido observar en este capítulo, *Crisis* es una novela que narra historias de sobrevivencia, representando los recuerdos de una comunidad de prófugos de la pobreza, cuyo itinerario está marcado por las peripecias de la fuga, de la ilegalidad y del inútil esfuerzo de integrar la sociedad anfitriona. El sufrimiento del éxodo latinoamericano que conduce a vivir en los guetos hispánicos de Estados Unidos consiente que el autor realice una operación de revisionismo histórico que permite tratar la espinosa situación de los latinoamericanos por medio de una serie de personajes que despiertan la consciencia colectiva y los revelan como víctimas de un sistema del que ellos no forman parte. Majfud trata de manera retrospectiva los factores que marcan la *vexata quaestio* de la migración.

En *Crisis*, el éxodo latinoamericano va más allá del discurso oficial que divide al mundo entre ricos y pobres, pues manifiesta que la segregación de los latinos ocurre también porque estos se han acostumbrado a aceptar su papel de perjudicados de la geopolítica mundial, estableciendo los nexos profundos que están a la base de una de las más grandes catástrofes étnico-económicas de este siglo y del siglo pasado. El latino, crecido en un clima cultural que lo condena a obedecer al poder hegemónico, migra siendo consciente de su propio drama identitario y su antiheroísmo radica en el hecho de que no se revela ante esta realidad, sino que la acepta humildemente.

La pobreza del país, los peligros al atravesar la frontera, la marginación social, el constante riesgo de ser deportados, forman parte de los motivos de esta literatura del éxodo latinoamericano que Jorge Majfud nos ofrece con *Crisis*. El drama del éxodo, las etapas de la larga vida de marginación, la imposibilidad de una regularización legal, marcan la psique y comportamiento social de los personajes, que en muchos casos no logran adaptarse al desarraigo. A pesar de la pasividad con la que el latino acepta su subordinación, *Crisis* logra, en ciertas ocasiones, conferir a sus personajes un toque casi épico que contrasta con el contexto post-heroico en el que los hechos se están desarrollando.

Con la descripción del éxodo, con el constato de la imposibilidad de encontrar una tierra prometida, Majfud se permite interrogar a la historia sobre hechos que muchas veces son minimizados, pero que forman parte de la memoria colectiva latinoamericana extrayendo el carácter paradigmático del destino del migrante latinoamericano.

Los personajes de *Crisis* son en cierto modo arquetipos de la condición latina en el mundo global, constituyen las víctimas de la violencia hegemónica, aunque en muchas ocasiones no estén conscientes de ello. De hecho, *Crisis* es un retrato existencial del migrante latinoamericano contemporáneo, demostrando que *intentio autoris* busca ir más allá de la dimensión literaria del tópico de la diáspora, adaptándolo perfectamente a la realidad histórica del mundo globalizado en el que ocurre el éxodo latinoamericano, convirtiéndolo en una tragedia de portada universal. La precariedad latina, caracterizada por la pérdida de las raíces, se inscribe en el horizonte existencial contemporáneo.

En cuanto al migrante legal, Majfud manifiesta que si bien es cierto que estos benefician de lo que puede llamarse una "integración jurídica", no puede afirmarse que han conseguido una integración total a la sociedad estadounidense, pues en general desempeñan el papel del dependiente económico o del subalterno.

V. Conclusiones

Como indiqué en las primeras páginas, mi estudio sobre *Crisis* nació a partir del deseo de profundizar sobre los aspectos que habían sido tratados en la entrevista que Jorge Majfud me concedió para *Mito-Revista Cultural*. Al escribir estas líneas mi aspiración primordial era contextualizar *Crisis* en el escenario estadounidense para explorar cuatro aspectos:1) establecer el papel del migrante en la sociedad estadounidense; 2) tratar las cuestiones de identidad en lo que concierne a los inmigrantes propiamente dichos y a sus descendientes nacidos en estados Unidos; 3) analizar la relación entre los asuntos geopolíticos y la migración; 4) Definir los motivos que hacen del migrante un antihéroe.

Después de haber explorado los referidos aspectos, pude concluir que la importancia de la obra radica en que ha sido escrita en la época correcta, pues son ya varios los años en los que el debate político estadounidense gira en torno a las cuestiones migratorias. De hecho, el compromiso literario de *Crisis* consiste en recordar acertadamente la estrecha conexión que existe entre la política exterior estadounidense y la diáspora latinoamericana.

La representación que la novela hace de la vida de los inmigrantes latinoamericanos en Estados Unidos permite explorar la vulnerabilidad social de estos en la "tierra del tío Sam". De igual manera, los constantes reenvíos a la geopolítica latinoamericana consienten que el lector pueda asociar la migración contemporánea a las trabas de un colonialismo informal que tiende a fortalecer el orden hegemónico estadounidense por medio del detrimento de las economías latinoamericanas, pues basándose en la proveniencia de sus personajes y en las anécdotas familiares de estos, Jorge Majfud manifiesta las causas de la presencia hispánica en Estados Unidos. En consecuencia, las guerras con México para la expansión territorial, las operaciones militares en República Dominicana, Guatemala, Nicaragua y El Salvador y la Operación Cóndor, son aludidas indirectamente para dar a entender que los hispanos tienen razones lógicas para ignorar las barreras que establecen la frontera entre el "centro" y la "periferia".

Agregando a lo anterior, la obra descifra las causas de la transmigración no solo por medio de los reproches a las políticas intervencionistas de Estados Unidos, sino que también culpabiliza a los gobiernos latinoamericanos que contribuyeron al sometimiento de sus respectivos países por medio de la corrupción. De hecho, *Crisis* recuerda que la globalización beneficia solamente a las *elites* locales de los países latinoamericanos, mientras que conduce a la "integración desintegrativa" del pueblo llano, el cual encuentra como única alternativa la migración desesperada y masiva.

El éxodo, la vida en una tierra extranjera y el desfavorable *nostos*, manifiestan que el latinoamericano se ha convertido en el antihéroe de la era post-heroica, pues sus tribulaciones solamente sirven para afirmar su papel de subordinado del determinismo mundial. El mensaje de Majfud es pesimista, por tanto que el destino de todos sus personajes, migrantes legales e ilegales, tiene tintes nefastos, en parte porque, por legado colonial, el hispano representa el pasado usurpado que la afirmada identidad *Wasp* trata de cancelar.

En lo que respecta al específico caso del inmigrante sin documentos, *Crisis* expone que este no puede vivir la recesión con dignidad, pues siempre será víctima de los abusos laborales, de la falta de protección social y del miedo a sufrir la expulsión. Adicionalmente, *Crisis* demuestra que la clandestinidad del migrante ilegal constituye un estigma que ha servido para apoyar una retórica xenófoba que cada vez obtiene más adeptos en Estados Unidos, país en el que la ecuación inmigrante/clandestino/criminal se está convirtiendo en un elemento dominante del imaginario colectivo de los chauvinistas.

De manera similar, *Crisis* también recuerda la frágil situación de muchos inmigrantes legales, quienes supuestamente usufructúan del *welfare* estadounidense, pero en realidad forman parte del peonaje de la globalización. La novela alude al sinnúmero de hispanos que terminaron

perdiendo sus propiedades debido a la crisis de las hipotecas *subprime* que afectó a dos de los grupos más vulnerables
de los Estados Unidos: los afroamericanos y los latinoamericanos. De la misma forma, varios de los personajes de la
novela prueban que el profesional latinoamericano está
condenado al sometimiento económico, pues es miembro
de la espiral interminable de la globalización, que le otorga
el papel del dependiente.

Entendida la función que la geopolítica y las cuestiones económicas desempeñan en la migración, *Crisis* explica el drama del éxodo latinoamericano bajo la luz de
una catástrofe antropológica originada en una era post-heroica, en la cual la dignidad de los latinoamericanos es pi-
soteada en nombre de códigos de primacía y acatamiento.
La diáspora latinoamericana se inscribe en la continuidad
de un trágico éxodo marcado por la imposibilidad de encontrar una tierra prometida, es la imagen de la derrota de
todo un pueblo cuyo "Moisés", es decir el coyote, es un
antihéroe que tampoco puede escapar a su condición de
sometido en una sociedad de características distópicas.

Con esta perspectiva, Jorge Majfud individua las raíces
sociales de la vulnerabilidad del migrante latinoamericano
y su impotencia ante la globalización. Estos forman parte
del conjunto de los "diversos" de la sociedad hegemónica
estadounidense, su único valor radica precisamente en su
"poco valor" ante los ojos de su país "anfitrión". De hecho,
la mayor parte de los personajes de *Crisis* encarnan al *homo
tragicus* por excelencia, cuya existencia está íntimamente

relacionada con su victimización dentro un sistema que los persigue o explota en base a las conveniencias.

Efectivamente, *Crisis* exterioriza el hecho de que en el *melting pot* septentrional existe recelo hacia la cultura *latina* que vive de una manera opuesta al estilo angloamericano. En consecuencia, Estados Unidos solamente concibe la integración de los hispanos por medio de un proceso de "americanización" y "deshispanización", es decir por medio de un adiestramiento que los habitúe a los códigos estadounidenses que la obra tilda de erróneos, ya que tienden a la permisividad, al contacto impersonalizado, a la anulación de la individualidad y a la mecanización del ser humano.

En cuanto a los ciudadanos estadounidenses de origen latinoamericano, la novela expresa que estos necesitan demostrar que han logrado alcanzar la tan aspirada "americanización" para supuestamente integrarse a su tierra de nacimiento, aunque sea desempeñando los papeles más viles como el de "cazadores de ilegales" o el de ofrecerse como "carne de cañón" para el ejército estadounidense. Sin embargo, la negación de la latinidad muchas veces los conduce a una crisis de identidad que no les consiente la realización individual.

El convertirse en "carne de cañón" en las intervenciones del armada estadounidense constituye un "modo de integración" no solo para los ciudadanos estadounidenses de origen latino, sino para aquellos jóvenes del *Dream Act*, quienes ven en el ejército una vía de legalización. Con las

alusiones a la participación de jóvenes latinos en las cam-
pañas estadounidenses de Oriente Medio, la obra pone a la
luz la incongruencia de un sistema que condena a la sociedad latinoamericana por violenta, pero naturaliza a los ilegales que aceptan convertirse en mercenarios del sistema.

Crisis demuestra que la decadencia económica es uno
de los tantos aspectos de una decadencia humana que se
caracteriza por la eliminación de la figura del héroe, pues
simplemente crea siervos de los intereses del sistema. Los
latinoamericanos nacidos en Estados Unidos, los naturalizados estadounidenses y los migrantes —legales e ilegales— son una suerte de productos derivados del orden
hegemónico, ya que forman parte, al igual que los ciborgs,
de un tipo de alquimia liberal.

Tomando en cuenta este último aspecto, *Crisis* sugiere
que la recesión económica esconde una verdadera decadencia intelectual que ha conducido a la pérdida de individualidad, a la carencia de valores sociales y a la crisis
existencial del ser humano, pues nos encontramos delante
de un sistema constituido por una grey disciplinada y sumisa que desempeña su papel económico-social.

Es así que la carencia de dimensión épica de *Crisis* pone
a la luz la "deshumanización" de la sociedad contemporánea. La novela demuestra que la odisea latinoamericana en
la "tierra del tío Sam" también está guiada por la dualidad
de un sistema pragmático que, por una parte, necesita extranjeros para bajar los salarios y resolver la escasez de
mano de obra que caracteriza determinados oficios y, por

otra, los priva de los derechos de ciudadanía, condenándolos a la segregación.

No hay final feliz en *Crisis*. El sueño americano es una triste quimera. Con esta obra Majfud destruye la imagen de Estados Unidos como tierra de la integración, del trabajo y del éxito. *Crisis* es la historia de fracasos, de decepciones, es la afirmación que Estados Unidos no es la tierra prometida de los latinoamericanos.

Es por eso que *Crisis* es un texto paradigmático de los conflictos relacionados con la recesión, las políticas internacionales y el post-heroísmo. La reflexión que Majfud hace de la crisis llega a ser provocadora, pues su compromiso con el lector la convierte en una crítica feroz a los mitos hegemónicos que conducen a denunciar el decadentismo de la globalización, el cual está marcado por la extenuación del individuo y una apatía generalizada.

En suma, Los personajes de *Crisis* son en cierto modo arquetipos de la condición latina en el mundo global, constituyen las víctimas de la violencia hegemónica, aunque en muchas ocasiones no estén conscientes de ello. De hecho, *Crisis* es un retrato existencial del migrante latinoamericano contemporáneo, demostrando que la *intentio autoris* busca ir más allá de la dimensión literaria del tópico del éxodo, adaptándolo perfectamente a la realidad histórica del mundo globalizado en el que está ocurriendo la diáspora latinoamericana.

Bibliografía

AGUIRRE ROJAS, Carlos Antonio, *Immanuel Wallerstein: Crítica del sistema-mundo capitalista*, México, Ediciones Era, 2003.

AISENSTEIN, Clara, "Inmigración y salud mental materno-infantil", *Perinatal Reprod Human*, 2001, vol. 15, pp. 42-51.

AMAYA, Hector, "Dying American or the violence of citizenship: Latinos in Iraq", *Latino Studies*, 2007, vol. 5, no 1, pp. 3-24.

AMPUERO, Roberto, *Nuestros años verde olivo*, Barcelona, Debolsillo, 2012.

ARIAS, Mariano, "Jean Paul Sartre vivo". *El Basilisco: Revista de filosofía, ciencias humanas, teoría de la ciencia y de la cultura*, 1980, no 11, pp. 35-47.

ARIDJIS, Homero, *La Santa Muerte*, México, Alfaguara, 2012.

AUGE, Marc, *La vie en double: ethnologie, voyage, écriture*, Paris, Payot, 2011.

BAUTISTA, Mariano Hurtado, "Sociología de la máscara", *Monteagudo: Revista de literatura española, hispanoamericana y teoría de la literatura*, 1954, no 5, pp. 4-20.

BLUM, William, *Killing hope: US military and CIA interventions since World War II*, London, Zed Books, 2003.

BULHOF, Ilse Nina, *Wilhelm Dilthey: A Hermeneutic Approach to the Study of History and Culture*, The Hague, Boston, London, Springer Science & Business Media, 2012.

CALVINO, Italo, *Se una notte d'inverno un viaggiatore*, Milano, Edizioni Mondadori.

CLARKE, Thurston, *Ask not: the inauguration of John F. Kennedy and the speech that changed America*, New York, Macmillan, 2005.

CORONA, Ignacio y TRIGO, Abril, *New Approaches to Transnational Migration and Cultural Change*, Columbus, Ohio State University Press, 2013.

DANTO, Arthur Coleman, *Jean-Paul Sartre*, New York, Viking press, 1975.

DAUBNER, Ernestine, "Manipulating genetic identities: the creation of chimeras, cyborgs and cyber-golems", *Parachute*, no 105, pp. 84-91.

ENRIQUE, Alejandro, "Neuroticismo, extraversión y estilo atribucional en veteranos de guerra: una aproximación desde el estrés postraumático", *Interdisciplinaria*, 2004, vol. 21, no 2, pp. 213-246.

FEAVER, Peter, "Provocations on Policymakers, Casualty Aversion and Post-Heroic Warfare", *Heroism and the Changing Character of War: Toward Post-Heroic Warfare?*, New York, Palgrave Macmillan, 2014, pp. 145.161.

FIGENSCHOU, Tine Ustad y KJERSTI Thorbjørnsrud, "Faces of an Invisible Population Human Interest Framing of Irregular Immigration News in the United States, France, and Norway", *American Behavioral Scientist*, 2015, vol. 59, no 7, pp. 783-801.

FLORES SORIA, Eugenia, "Jorge Majfud recrea el drama de los inmigrantes", *Zocalo-Saltillo*.

FOUCART, Jean, «Métissage et interculturel: une approche à partir de la transaction», *Pensée plurielle*, 2009, no 2, pp. 27-39.

FRIEDMAN, Milton, *Capitalism and freedom*, Chicago, University of Chicago press, 2009.

FROMM, Erich. The fear of freedom. London : Routledge & Kegan Paul, 1942.

GALEANO, Eduardo, *El cazador de historias*, México, Siglo XXI editores, 2016.

GARCÍA-TERESA, Alberto, "Crisis", *Revista Viento Sur*, no 126. Enero 2013, p. 127.

GOMEZ-MULLER, Alfredo, *Sartre, de la nausée à l'engagement*, Paris, Éditions du Félin, 2005.

HALSTEAD, Ted, "The American Paradox", *Atlantic Monthly*, 2003, vol. 291, no 1, pp. 123-125.

HARAWAY, Donna, *Simians, cyborgs, and women: The reinvention of nature*, New York, Routledge, 2013.

HARDIN, James N, *Reflection and action: Essays on the Bildungsroman*, Columbia, University of South Carolina Press, 1991.

HORSFALL, Nicholas, *The Epic Distilled: Studies in the Composition of the Aeneid*, Oxford, Oxford University Press, 2016.

ISHERWOOD, Christopher. "California is a tragic country", *American Culture: An Anthology of Civilization Texts*, London-New York, Routledge, 2008, pp. 201-208.

KALLEN, Horace M, "Democracy versus the melting-pot: A study of American nationality", *Theories of ethnicity: A classical reader*, New York, New York University Press, 1996, pp. 67-92.

KIOURTSAKIS, Yannis, *Patrie, exil, nostos*, Paris, Sens Public, 2012.

KLAHOLD, Doreen, *Les Misérables de Victor Hugo*, Paris, Grin Verlag, 2008.

KOVIC, Ron, *Born on the Fourth of July*, New York, Open Road Media, 2012.

LEE, Youngro, "To dream or not to dream: A cost-benefit analysis of the Development, Relief, and Education for Alien Minors (DREAM) Act", *Cornell JL & Pub. Pol'y*, 2006, vol. 16, p. 231.

LOPEZ, Erna, BOCCO, Gerardo, MENDOZA, Manuel, "Peasant emigration and land-use change at the watershed level: A GIS-based approach in Central Mexico". *Agricultural systems*, vol. 90, no 1, 2006, pp. 62-78.

MAFTEI, Mara Magda, "Cioran et sa relation avec l'histoire", *Annales Universitatis Apulensis. Series Philologica*, vol. 14, no 2, 2013, pp. 111-125.

MAILLARD, María Luisa, *María Zambrano: la literatura como conocimiento y participación*, Lleida, Universitat de Lleida, 1997.

MAJFUD, Jorge, "Superman: los superhéroes de la cultura de masas", *Gaceta Mercantil*, 2013.

MAJFUD, Jorge, *Crisis*, Tenerife, El baile del sol, 2012.

MAJFUD, Jorge, *Cyborgs*, Madrid, Editorial Izana, ensayos, 2012.

MAJFUD, Jorge, *La Literatura Del Compromiso Humanism And Revolution In Latin American Literature*, Athens, University of Georgia, 2008.

MALTESE, Pietro, "L'egemonia costituente dei Quaderni del carcere di Gramsci", *Studi sulla Formazione*, 2013, vol. 16, no 1, pp. 181-195.

MARISCAL, Jorge, "Latino/as in the U. S. Military", *Inside the Latino/a Experience: A Latino/a Studies Reader, New York*, Palgrave/Macmillan, 2010. Pp.: 37-50.

MCSHERRY, J., Patrice, *Predatory states: Operation Condor and covert war in Latin America*, Lanham, Rowman & Littlefield Publishers, 2012.

MENDOZA SAYERS, Jennifer, "The Incredible Hulk and Emotional Literacy", *Using Superheroes in Counseling and Play Therapy*, New York, Lawrence Rubin, 2006, pp. 91-101.

MOORE, Patrick, "Jorge Majfud Entrevistado por Patrick Moore: El «Marketing» De La Violencia", *Canal literatura*.

MORALES, Ofelia Woo, "Abuso y violencia a las mujeres migrantes", *Violencia contra la mujer en México*, México, Comisión Nacional de Derechos Humanos, 2004, pp. 71-84.

NAREDO, José Manuel, "La cara oculta de la crisis: El fin del boom inmobiliario y sus consecuencias", *Revista de economía crítica*, 2009, no 7, pp. 118-133.

NJAIM, Humberto, "Clientelismo, mercado y liderazgo partidista en América Latina", *Nueva Sociedad*, 1996, vol. 145, pp. 138-147.

PENNAC, Daniel, *Comme un roman*, Paris, Gallimard, 1992.

PÉREZ VEGA, David, "Crisis, por Jorge Majfud", *Desde la ciudad sin cines*, 2014.

PFIFFNER, James P., "Did President Bush mislead the country in his arguments for war with Iraq?", Presidential Studies Quarterly, 2004, vol. 34, no 1, pp. 25-46.

PIERSON, David, *The Fugitive*, Detroit, Wayne State University Press, 2011.

RAIMONDI, Ezio, *Un'etica del lettore*, Bologna, il Mulino, 2007.

RESTAD, Hilde Eliassen. *American Exceptionalism: An idea that made a nation and remade the world*. Routledge, 2014.

ROBINSON, Tony et CURTIS, Richard, *Odysseus: the greatest hero of them all*, London, Canelo, 2016.

ROSENMANN, Alexandra, "Why Noam Chomsky won't call himself a modern-day liberal?", *Alternet*.

SAMMONS, Jeffrey L., "The Bildungsroman for Non-specialists", *Reflection and Action: Essays on the Bildungsroman*, Columbia, University of South Carolina Press, 1991, pp. 26-45.

SÁNCHEZ, Luis Rafael, *No llores por nosotros, Puerto Rico*, Zaragoza, Ediciones del Norte, 1998.

SARTRE, Jean Paul, *Qu'est-ce que la littérature?*, Paris, Gallimard, 1964.

SARZI AMADE, José y TAIANO CAMPOVERDE, Leonor: «La escritura sin anestesias de un uruguayo universal: Entrevista a Jorge Majfud». Publicado el 8 de junio de 2016 en *Mito | Revista Cultural*, nº.34.

SCOTT, James Brown, "Nationality: jus soli or jus sanguinis", *The American Journal of International Law*, 1930, vol. 24, no 1, pp. 58-64.

SERRANO, Carlos, "Miguel de Unamuno y Fernando Ortiz (un caso de regeneracionismo trasatlántico)", *Nueva Revista de Filología Hispánica*, 1987, vol. 35, no 1, pp. 299-310.

VANWEY, Leah Karin, TUCKER, Catherine M., y MCCONNELL, Eileen Diaz. "Community organization, migration, and remittances in Oaxaca", *Latin American Research Review*, 2005, vol. 40, no 1, pp. 83-107.

VIRGINIE, V. Les misérables, la justice dans le roman de Victor Hugo. Docs. school Publications, 2008.

WEILER, Michael y PEARCE, W. Barnett. *Reagan and public discourse in America*, Tuscaloosa, University of Alabama Press, 1992.

WINOCK, Michel « L'écrivain en tant qu'intellectuel », *Mil neuf cent. Revue d'histoire intellectuelle*, 2003, no 1, pp. 113-125.

YRIZAR BARBOSA Guillermo y ALARCÓN, Rafael, "Mexican families with mixed immigration status and massive deportation from the United States.REMHU: Revista Interdisciplinar da Mobilidade Humana, 2015, vol. 23, no 45, pp. 77-92.

ZATZ, "Marjorie S., "Chicano youth gangs and crime: The creation of a moral panic", *Contemporary Crises*, 1987, vol. 11, no 2, pp. 129-158.

SOLANO ROSSI, Luiz Alexandre, "Teofania para a liberdade", *Revista de Cultura Teológica*., no 38, pp. 9-45.

ANEXO 1:

ESCRITORES CONTRA LA IMPUNIDAD: URUGUAY, CUANDO LAS LEYES SON MÁS IMPORTANTES QUE LOS DERECHOS HUMANOS[154]

La justicia en su laberinto

La Suprema Corte de Justicia de Uruguay acaba de consolidar la consagración de la impunidad para los peores criminales de lesa humanidad de la historia moderna de ese país.

El proceso que ha llevado a este resultado es claro.

Un primer paso consistió en la decisión de trasladar a la Dra. Mariana Mota al ámbito de lo civil, desafectándola de su titularidad en el juzgado penal. La Dra. Mota tenía en su sede más de cincuenta causas referidas a las gravísimas violaciones a los Derechos Humanos durante el período del terrorismo de Estado en los años 70. El Estado y

---

[154] Emilio Cafassi, Eduardo Galeano, Juan Gelman y Jorge Majfud, "La justicia en su laberinto", Escritores contra la impunidad: Uruguay, cuando las leyes son más importantes que los derechos humanos. *Página 12*, 28 de febrero de 2013.

el propio poder judicial pusieron toda clase de obstáculos a sus investigaciones, además de cuestionar su compromiso con la lucha por la vigencia de los derechos humanos, cuando deberían ser su principal garante. Con esta medida, la Corte de Justicia confirmó la ausencia de justicia que víctimas, allegados y la sociedad toda viene padeciendo desde hace décadas. Al mismo tiempo, la Corte uruguaya ignoró la sentencia pronunciada por la Corte Interamericana de Derechos Humanos en el caso Gelman vs Uruguay, además de cuestionar la independencia del poder judicial.

En línea con el mismo propósito o resultado, la Suprema Corte acaba de declarar inconstitucional la recientemente promulgada ley interpretativa que intentaba superar la llamada "ley de Caducidad" que desde 1986 impide el proceso de todos los autores de crímenes amparados por la pasada dictadura militar. Esta ley fue declarada inconstitucional por la misma Corte años atrás.

El argumento sobre el cual se basó esta nueva decisión radica en que no se puede aplicar una ley de forma retroactiva, cosa que sí realiza la propia ley de Caducidad. Se ha argumentado que la retroactividad se aplica sólo cuando la ley beneficia al reo. No es posible condenar retroactivamente a alguien por algo que hizo cuando en su momento no era definido como delito. No obstante, la ley de Caducidad es retroactiva desde el momento en que contradice las leyes que regían cuando se cometieron los delitos.

En otro momento, la misma Corte Suprema de Justica de Uruguay define las violaciones cometidas en una dictadura y con la complicidad del Estado de la época como "delitos comunes". Lo cual automáticamente transforma un delito de lesa humanidad en una causa prescriptible. No obstante, estos "delitos comunes" fueron cancelados, precisamente, por una ley promulgada para proteger a un grupo especifico de criminales, la Ley de Caducidad de 1986. Ni siquiera se otorgó un perdón a reos condenados por sus crímenes: el Estado renunció a someternos a investigación y a juicio.

No obstante, más allá de una disputa técnica y sobre la filosofía que rige y cambia cada cierto tiempo las obviedades jurídicas, nuestro reclamo se basa en valores más universales y permanentes, como lo son la garantía de los derechos individuales más básicos, como la integridad física, la libertad, y la reparación moral.

Por lo expuesto, como intelectuales y trabajadores de la cultura y el conocimiento, repudiamos estas decisiones de la SCJ y exigimos el fin de la impunidad y la condena de todos los criminales del terrorismo de Estado en Uruguay.

Todo Estado y toda institución de cualquier país existen para proteger la integridad física y moral, el derecho a la libertad y la verdad de cada uno de sus ciudadanos. Nunca al revés. Aceptar la violación de uno solo de los derechos humanos contra uno solo de los ciudadanos de un país con la complicidad del Estado o de alguna de sus instituciones, afecta y lesiona la legitimidad de todo el Estado.

Rechazamos cualquiera de las excusas que niegan el derecho a la justicia y la verdad. Sin verdad no hay paz; sin justicia no hay democracia.

Los derechos humanos no se mendigan. Se exigen.

ANEXO 2

CARTA ABIERTA A DONALD TRUMP

Jacksonville, diciembre de 2016
Señor Trump:

Cuando usted lanzó su candidatura presidencial por el Partido Republicano a mediados del año pasado, con la intuición propia un empresario exitoso, ya sabía qué producto vender. Usted ha tenido el enorme *mérito* de convertir la política (que después de la generación fundadora nunca abundó en intelectuales) en una perfecta campaña de *marketing* comercial donde su eslogan principal tampoco ha sido muy *sofisticado*: los mexicanos que llegan son violadores, criminales, invasores.

Nada nuevo, nada más lejos de la realidad. En las cárceles de este país usted encontrará que los inmigrantes, legales o ilegales, están subrepresentados con un cuarto de los convictos que les corresponderían en proporción a la población estadounidense. Por si no lo entiende: las estadísticas dicen que *los espaldas mojadas* tienen cuatro o cinco veces menos posibilidades de cometer un delito que sus encantadores hijos, señor Trump. Allí donde la inmigración es dominante, el prejuicio y el racismo se incrementan y la criminalidad se desploma.

Verá usted, don Donald, que por siglos, mucho antes que sus abuelos llegaran de Alemania y tuviesen un gran éxito en el negocio de los hoteles y los prostíbulos en Nueva York, mucho antes que su madre llegara de Escocia, los mexicanos tenían aquí sus familias y ya habían dado nombre a todos los estados del Oeste, ríos, valles, montañas y ciudades. La arquitectura californiana y el *cowboy* texano, símbolo del *auténtico americano* no son otra cosa que el resultado de la hibridez, como todo, de la nueva cultura anglosajona con la largamente establecida cultura mexicana. ¿Se imagina usted a uno de los padres fundadores encontrándose un *cowboy* en el camino?

Cuando su madre llegó a este país en los años 30, medio millón de mexicoamericanos fueron expulsados. La mayoría de ellos eran ciudadanos estadounidenses pero habían tenido la mala suerte de que la frustración nacional por la Gran Depresión, que ellos no inventaron, los encontrase con caras de extranjeros.

Esa gente había tenido cara de extranjeros y de violadores (usted no fue el primero que lo supo) desde que Estados Unidos tomó posesión (digámoslo así, para no ofender a nadie) de la mitad del territorio mexicano a mediados del siglo XIX. Y como esa gente, que ya estaba ahí, no dejaba de hablar un idioma bárbaro como el español y se negaba a cambiar de color de piel, fueron perseguidos, expulsados o simplemente asesinados, acusados de ser bandidos, violadores y extranjeros invasores. El verdadero Zorro era moreno y no luchaba contra el despotismo mexicano (como lo puso Johnston McCulley para poder vender la historia a Hollywood) sino contra los anglosajones invasores que tomaron sus tierras. Moreno y rebelde como Jesús, aunque en las sagradas pinturas usted vea al Nazareno siempre rubio, de ojos celestes y más bien sumiso. El poder hegemónico de la época que lo crucificó tenía obvias razones políticas para hacerlo. Y lo siguió crucificando cuando tres siglos más tarde los cristianos dejaron de ser inmigrantes ilegales, perseguidos que se escondían en las catacumbas, y se convirtieron en perseguidores oficiales del poder de turno.

Afortunadamente, los inmigrantes europeos, como sus padres y su actual esposa, no venían con caras de extranjeros. Claro que si su madre hubiese llegado cuarenta años antes tal vez hubiese sido confundida con irlandeses. Esos sí tenían cara de invasores. Además de católicos, tenían el pelo como el suyo, cobrizo o anaranjado, algo que disgustaba a los blancos asimilados, es decir, blancos que alguna vez habían sido discriminados por su acento polaco, ruso o italiano. Pero afortunadamente los inmigrantes aprenden rápido.

Claro que eso es lo que usted y otros exigen: los inmigrantes deben asimilarse a "esta cultura". ¿Cuál cultura? En un una sociedad verdaderamente abierta y democrática, nadie debería olvidar quién es para ser aceptado, por lo cual, entiendo, la virtud debería ser la integración, no la asimilación. Asimilación es violencia. En muchas sociedades es un requisito, todas sociedades donde el fascismo sobrevive de una forma u otra.

Señor Trump, la creatividad de los hombres y mujeres de negocios de este país es admirable, aunque se exagera su importancia y se olvidan sus aspectos negativos:

No fueron hombres de negocios quienes en América Latina promovieron la democracia, sino lo contrario. Varias exitosas empresas estadounidenses promovieron sangrientos golpes de Estado y apoyaron una larga lista de dictaduras.

Fueron hombres de negocios quienes, como Henry Ford, hicieron interesantes aportes a la industria, pero se olvida que, como muchos otros hombres de negocio, Ford fue un antisemita que colaboró con Hitler. Mientras se negaba refugio a los judíos perseguidos en Alemania, como hoy se los niegan a los musulmanes casi por las mismas razones, ALCOA y Texaco colaboraban con los regímenes fascistas de la época.

No fueron hombres de negocios los que desarrollaron las nuevas tecnologías y las ciencias, sino inventores *amateurs* o profesores asalariados, desde la fundación de este país hasta la invención de Internet, pasando por Einstein y la llegada del hombre a la Luna. Por no hablar de la base de las ciencias, fundadas por esos horribles y primitivos árabes siglos atrás, desde los números que usamos hasta el álgebra, los algoritmos, y muchas otros ciencias y filosofías que hoy forman parte de Occidente, pasando por los europeos desde el siglo XVII, ninguno de ellos hombres de negocios, claro.

No fueron hombres de negocios los que lograron, por su acción de resistencia y lucha popular, casi todo el progreso en derechos civiles que conoce hoy este país, cuando en su época eran demonizados como peligrosos revoltosos y antiamericanos.

Señor Trump, yo sé que usted no lo sabe, por eso se lo digo: un país no es una empresa. Como empresario usted puede emplear o despedir a cuantos trabajadores quiera, por la simple razón de que hubo un Estado antes que dio educación a esas personas y habrá un Estado después que se haga cargo de ellos cuando sean despedidos, con ayudas sociales o con la policía, en el peor de los casos. Un empresario no tiene por qué resolver ninguna de esas externalidades, sólo se ocupa de su propio éxito, que luego confunde con los méritos de toda una nación y los vende de esa forma, porque eso es lo que mejor sabe hacer un empresario: vender. Sea lo que sea.

Usted siempre se ufana de ser inmensamente rico. Lo admiro por su coraje. Pero si consideramos lo que usted ha hecho a parir de lo que recibió de sus padres y abuelos, aparte de dinero, se podría decir que casi cualquier hombre de negocios, cualquier trabajador de este país que ha comenzado con casi nada, y en muchos casos con enromes deudas producto de su educación, es mucho más exitoso que usted.

El turco Hamdi Ulukaya era in inmigrante pobre cuando hace pocos años fundó la compañía de yogures Chobani, valorada hoy en dos billones de dólares. Algo más probable en un gran país como este, sin dudas. Pero este creativo hombre de negocios tuvo la decencia de reconocer que él no lo hizo todo, que hubiese sido imposible sin un país abierto y sin sus trabajadores. No hace muchos días atrás donó el diez por ciento de las acciones de su empresa a sus empleados. En México hay ejemplos similares al suyo. Pero mejores. El más conocido es el hijo de libaneses Carlos Slim que, tomando ventaja de las crisis económicas de su momento, como cualquier hombre con dinero, hoy tiene once veces su fortuna, señor Trump.

Señor Trump, la democracia tiene sus talones de Aquiles. No son los críticos, como normalmente se considera en toda sociedad fascista; son los demagogos, los que se hinchan el pecho de nacionalismo para abusar del poder de sus propias naciones.

La llamada primera democracia, Atenas, se enorgullecía de recibir a extranjeros; ésta no fue su debilidad, ni política ni moral. Atenas tenía esclavos, como la tuvo su país por un par de siglos y de alguna forma la sigue teniendo con los trabajadores indocumentados. Atenas tenía sus demagogos: Ánito, por ejemplo, un exitoso hombre de negocios que convenció muy democráticamente al resto de su sociedad para que condenaran a muerte a la mente pensante de su época, Sócrates, por cuestionar demasiado, por creer demasiado poco en los dioses de Atenas, por corromper a la juventud con cuestionamientos.

Por supuesto que casi nadie recuerda hoy a Ánito y lo mismo pasará con usted, al menos que redoble su apuesta y se convierta en alguna de las figuras que en Europa pasaron a la historia en el siglo XX por su exacerbado nacionalismo y su odio a aquellos que parecían extranjeros sin siquiera serlo. Seguidores siempre va a encontrar, porque eso también es parte del juego democrático y, por el momento, no tenemos un sistema mejor.

ANEXO 3:

Un laberinto llamado América Latina[155]

En 2018 la editorial británica Routledge, especializada en temas académicos, publicó el libro *The Routledge History of Latin American Culture* editado por el activista y profesor latinoamericanista de la University of California Dr. Carlos Salomón. Como forma de reflexiones finales, Salomón conversó con uno de sus autores, Jorge Majfud, acerca de las percepciones y problemáticas de la identidad latinoamericana en las Américas.

CS: *Emigrar, aprender otras costumbres y otra lengua, cambia muchas cosas. ¿Ha cambiado su comprensión de América Latina desde su traslado a los Estados Unidos?*

JM: Para comenzar habría que considerar una dimensión existencial que normalmente omitimos al responder este tipo de preguntas: yo ya no soy exactamente el mismo,

---

[155] *The Routledge History of Latin American Culture*. Editrial Rutledge, 2018.

soy doce años más viejo y casi todo se ve distinto desde esta altura de los cuarenta y siete. También eso que imprecisamente llamamos América Latina ha cambiado, casi tanto como el resto del mundo.

Luego sí podemos reflexionar sobre la dinámica cultural. Ver la cultura propia dese la inmersión de otra ajena es siempre revelador. Uno tiene con qué comparar y contrastar la visión interior y la exterior. Lo mismo ocurre con el lenguaje: a medida que aprendemos una segunda lengua nos volvemos más conscientes de la naturaleza de la primera.

América Latina es una región vasta y extremadamente diversa, por lo cual hablar de "nuestra cultura" es producto de otra trampa del lenguaje: probablemente un mexicano de Chihuahua y otro de Arizona o de California tienen más en común que cualquiera de esos dos grupos y un argentino, por ejemplo. Pero a las culturas latinoamericanas nos une el idioma, la conciencia de la existencia del otro y la forma cómo el Gran Hermano del norte nos ha tratado en más de un siglo. Es su mirada y, a veces, es la intimidación de su musculatura lo que ha formado parte de nuestra identidad común. Por ejemplo, la idea del otro, la negación de la hispanidad dentro de las propias fronteras de Estados Unidos y la clasificación étnica, típica de este país, que todavía define odios y elecciones.

Cuando venía en el avión en el año 2003 me dieron un formulario donde, entre otros datos, se debía marcar "raza". Me pareció algo muy exótico y escribí arriba: "*no race*". Nunca me sentí ni latino ni hispano hasta vivir unos años aquí. Esa clasificación, de hecho, es un invento estadounidense, el cual ahora se ha transformado en una bandera de reivindicación, porque nosotros (los otros) hemos entrado en un juego que no inventamos y hemos aprendido a jugar para no sufrir las consecuencias de la derrota absoluta.

CS: Ha sido una historia compleja, marcada por conflictos reales y simbólicos.

JM: Si. Desde un punto de vista académico, es imposible profundizar en la historia de las relaciones entre Estados Unidos y América Latina sin encontrarse con una larga lista de crímenes presentados como salvaciones, de dictaduras en nombre de la libertad y la democracia. Tal vez esas cosas marcan tanto o más que una guerra, porque se trata de una lucha por el rescate de verdad secuestrada, más allá del mero triunfo de la fuerza bruta. Afortunadamente la arrogancia y desdén con la que se ha mirado a América Latina desde el norte (basada en la ignorancia de los crímenes propios como intervenciones, complots, imposición de sangrientas dictaduras a lo largo del subcontinente, etc.) ha sido limitada y mitigada por los mejores estadounidenses, que tampoco han sido pocos, gente con un gran coraje intelectual que no se ha dejado amedrentar por la propaganda ni las reacciones tribales de sus propios pueblos. Por supuesto que nuestros pueblos también tienen muchos pecados que confesar. Nuestros pecados han sido siempre fratricidas, abusos ilimitados de las tradicionales clases gobernantes, de los propietarios de esos países, sobre millones de despojados o marginados, sin tierra, sin capitales, sin educación y sin derechos. Las dictaduras (el terno Plan B de las democracias oligárquicas) violaron, torturaron y asesinaron en masa a sus propios pueblos. Ninguno de esos pecados consistió en invadir con tanques, barcos de guerra, propaganda para destruir gobiernos e imponer otros en Estados Unidos o en algún país europeo, africano, asiático o lo que sea.

CS: ¿Qué ha cambiado de todo eso?

Hoy América latina no es aquella región del realismo mágico poblada de dictadores guardianes del sistema de monocultivos. Pero todavía vive sus propios conflictos, como la vieja tendencia de sus gobernantes a perpetuarse en el poder. La corrupción latinoamericana sirvió a todos, en diferentes proporciones: sirvió a las potencias mundiales para explotar sus recursos con mano de obra barata; sirvió a las oligarquías criollas para enriquecerse con la sangre de la chusma y del *indiaje*; y sirvió a los más pobres para sobrevivir. Todavía existe mucho de eso, sobre todo en grandes países como Argentina, México y Brasil y unos cuantos pequeños como en América Central.

CS: *¿Es la corrupción un problema típicamente latinoamericano?*

JM: En su forma sí. En Estados Unidos la corrupción es diferente. Normalmente es legal, como cuando poderosos lobbies presionan a sus representantes en el congreso (más de la mitad son millonarios y proceden el uno por ciento de la población) para aprobar leyes que los beneficia. Luego esos grupos son los menos interesados en violar sus propias leyes, obviamente.

CS: *Es curioso cómo se comenzó a sentir latinoamericano cuando vino a los Estados Unidos. A mí me sucedió lo contrario. Fue cuando viajé y estudié en México e, irónicamente, cuando leí la obra de su amigo y compatriota, Eduardo Galeano. Esto podría tener algo que ver con la forma en que los latinos se asimilan en las escuelas públicas. Para mí, estudiar, vivir y aprender en América Latina fue una revelación. El trabajo de Galeano realmente me dio un sentido de lucha contra el colonialismo en América Latina.*

JM: Ahí es necesaria una precisión. Debemos diferenciar la identidad latinoamericana de la hispana. La primera fue una invención de los franceses en el siglo XIX para incluirse en el proceso de las nuevas republicas; la segunda fue resultado de los gobiernos estadounidense, sobre todo en los años ochenta, lo que terminó por oficializar la clasificación del *hispano* como "el otro" por parte de la cultura angloamericana que se siente orgullosa de su *"melting pot"* (*that never melts*), que más bien es un archipiélago que se agrupa conflictivamente en casilleros étnicos y raciales que, en el mejor de los casos, se tolera. Luego estas fracturas sociales deben ser resueltas con un fuerte discurso patriótico, con la insistente idea de unión. Cuando uno ve que los discursos oficiales y populares insisten en algo es porque la realidad es precisamente la contraria. La primera identidad, la latinoamericana, fue y todavía es básicamente regional y cultural, cuando no regional y política; la segunda, la idea, la percepción y la identidad de ser "hispano" es, como es propio de la historia y la cultura estadounidense, un fenómeno étnico, a pesar de la enorme diversidad étnica del grupo aludido.

CS: Con diferencias que van desde México hasta Argentina y que incluyen herencias tan dispares como la indígena, la africana y la europea.

JM: Así es. Históricamente el Cono Sur, sobre todo Argentina y Uruguay, se consideraban los "europeos del sur", aquellos que no descendían de ninguna tribu ni civilización prehispánica sino de los barcos. Fue a mediados del siglo XX que comenzamos a dejar de mirar tanto a Francia con admiración, a Italia con nostalgia y a España con dolor para mirar a nuestros hermanos del continente. Es exactamente lo que le ocurre al joven argentino Ernesto Guevara cuando recorre el continente: descubre la América latina (o, mejor dicho, la América indígena) y se descubre como latinoamericano. Los intelectuales ya lo habían intentado mucho antes, de una forma algo forzada (José Martí, José Rodó, Rubén Darío, José Vasconcelos, etc.), pero será la conciencia política del siglo XX lo que la convertirá en una realidad, es decir, en un sentimiento más que una idea. La Revolución cubana fue un punto de inflexión en ese sentido. Los rioplatenses, los que éramos civilizados porque habíamos matado a todos los salvajes, los que teníamos los mejores sistemas de educación, las mejores economías, el más alto desarrollo del continente, con un alto ingreso per cápita y con avanzados programas sociales que habían equilibrado bastante las clases sociales, nos encontramos de repente con nuestro propio declive y luego con nuestro sentimiento de culpa por no haber pertenecido del todo a América latina. Especialmente escritores como Neruda, Benedetti y Galeano crearon o consolidaron esa conciencia continental por la cual comenzamos a sentiros latinoamericanos.

Sin embargo, sentirse "hispano" o "latino" no es exactamente lo mismo y hay que vivir en Estados Unidos para apreciar la diferencia, porque es una identidad básicamente norteamericana.

CS: ¿De qué forma te sientes conectado con las historias de los aztecas, de los incas y del mestizaje espiritual? ¿Hay algo en ellos que define el espíritu de América Latina?

JM: Intenté responder a esa pregunta en el libro *El eterno retorno de Quetzalcóatl* y en algún que otro artículo. Por ejemplo: la misma idea del Cono Sur como una región cultural construida por europeos y criollos blancos en la casi ausencia de la herencia indígena sobrevive hoy, al extremo de que el expresidente de Uruguay, Julio María Sanguinetti escribió que no recibimos nada de los charrúas, ni una palabra. Claro, los robamos y los matamos porque eran tan salvajes que no aceptaban nuestra cultura a cambio de sus tierras y su libertad. Pero a mí siempre me sorprendió descubrir como en el lenguaje castellano sobrevivían expresiones, ideas de pueblos tan lejanos como las guaraníes, los incas e, incluso, los mayas. El lenguaje callejero de mis amigos de la primera adolescencia estaban lleno de indigenismos que nadie advertía como tal. ¿Qué se puede esperar, entonces, de países con una fuerte tradición indígena como Bolivia, Perú, Guatemala o México? No me refiero a lo más visible, como las formas de vestir, de cocinar o de organizar sus fiestas. De ahí surge la pregunta de si es posible borrar completamente una cultura en un proceso de colonización violenta. Mi hipótesis de partida fue simplemente no: la represión de una memoria no significa eliminación sino todo lo contrario: el elemento reprimido se transmuta, se trasviste para sobrevivir en las sombras, igual que en la psicología individual. Entonces hay que rastrearlo, sobre todo en un formato que le fue ajeno: el formato escrito, los documentos del colonizador, los libros de los ilustrados europeístas donde se podría

detectar la tradición oral, reprimida por la ley y la ver-
güenza de lo propio, tan propia del colonizado, etc.

CS: ¿Dónde podríamos sospechar esa herencia profunda?

JM: Por ejemplo, en la misma evolución histórica y
luego mitológica de un argentino como Ernesto Che Guevara. El Che tiene mucho de un dios mexicano como Quetzalcóatl y mucho de la forma indígena (ya no solo
prehispánica) de ver el mundo, como la relación san-
gre/oro, vida/muerte. Lo mismo las utopías de los intelectuales de izquierda. La utopía en Eduardo Galeano, un
uruguayo marcado por la sensibilidad indígena o, al menos, antimaterialista de Noroccidente, no tenían nada de
marxista, ni era materialista ni estaban en el futuro (el progreso industrial) sino en el paradigma cósmico/ecologista
de la mentalidad indígena, de la vuelta al origen, del pasado perdido como aquello que está hacia delante, más allá
del futuro.

EL MOSAICO Y SU ESPEJO

Joaquín Venturini

Leonor Taiano ha logrado con *El País Invisible: La Literatura de Jorge Majfud o 'La Mirada Exterior desde el Interior'* un estudio extraordinario que combina rigor académico, profundidad crítica y sensibilidad humanista. Este libro no es solo un análisis literario, sino también un espejo que refleja las complejas dinámicas entre la migración latinoamericana y las estructuras de poder hegemónicas en Estados Unidos. Desde la concepción de los migrantes como antihéroes de una sociedad post-heroica hasta la relación entre lengua, identidad y resistencia cultural, el libro traza un recorrido fascinante que no deja ningún aspecto sin explorar. La autora consigue situar la literatura de Majfud en el contexto global, resaltando su capacidad para denunciar la explotación, la segregación y los peligros del capitalismo desenfrenado. Uno de los aspectos más remarcables de este trabajo es la forma en que Taiano logra vincular la teoría literaria con los desafíos reales que enfrentan las comunidades hispanas, sin caer en discursos simplistas o panfletarios. Su enfoque interdisciplinario permite que este estudio trascienda los límites de la academia, convirtiéndose en una lectura indispensable para

quienes desean entender las tensiones entre la globalización, la identidad y la literatura contemporánea.

El País Invisible no solo celebra la obra de Majfud, sino
que también invita a reflexionar sobre nuestro papel como
lectores y actores en un mundo cada vez más interconec-
tado y desigual. Este libro es, sin duda, un aporte invalua-
ble al estudio de la literatura latinoamericana y a la
comprensión de la condición humana en el siglo XXI. Un
texto imprescindible y magistral.

J.V., University of Notre Dame, enero 2025

Índice Alfabético

Leonor Taiano

Leonor Taiano es docente de español en la universidad Carson-Newman. Tiene una trayectoria académica Internacional que incluye un doctorado en Español, University of Notre Dame (EE. UU.), un doctorado en Humanidades y Ciencias Sociales en la University of Tromsø (Noruega), un máster en Lengua Española, Universidad Pontificia de Salamanca (España), máster en Lengua, Literatura y Dinámicas Interculturales del Área Euroamericana, Universidad Roma Tre (Italia), Grado en Lenguas y Culturas Modernas ('Filología y Literatura'), Universidad de Calabria (Italia). Su trabajo se centra en dos aspectos complementarios de la cultura literaria española de la Edad Moderna. Por un lado, examina cómo el concepto del imperio sin fin (*Imperium sine fine*) fomenta una ideología que privilegia la dominación sobre la justicia y la igualdad. Por otro lado, su investigación profundiza en las contra-ideologías de los grupos subordinados, explorando los sistemas de creencias específicos que emergen de sus condiciones sociales. Basándose en un análisis riguroso del papel de la ideología imperial, Leonor argumenta que el nexo entre el feudalismo y un sistema económico global configuró identidades sociales funcionales a las élites hispánicas. Así, su investigación ofrece una explicación comprensiva de los compromisos político-culturales implícitos entre la Corona, sus servidores y las élites locales.

www.ingramcontent.com/pod-product-compliance
Lightning Source LLC
Chambersburg PA
CBHW020243130626
46549CB00005B/2040